Titus Lucretius Carus, Thomas J. Dymes

Selections from Lucretius

Being a Golden Treasury of his Poem 'De rerum natura'

Titus Lucretius Carus, Thomas J. Dymes

Selections from Lucretius
Being a Golden Treasury of his Poem 'De rerum natura'

ISBN/EAN: 9783744728324

Printed in Europe, USA, Canada, Australia, Japan

Cover: Foto ©Thomas Meinert / pixelio.de

More available books at **www.hansebooks.com**

SELECTIONS· FROM

LUCRETIUS

BEING

A GOLDEN TREASURY OF HIS POEM
'DE RERUM NATURA'

WITH NOTES BY

THOMAS J. DYMES, B.A.

LATE SCHOLAR OF LINCOLN COLLEGE, OXFORD, AND FORMERLY
ASSISTANT MASTER AT CHELTENHAM COLLEGE

WITH AN INTRODUCTION BY

ALFRED J. CHURCH, M.A.

PROFESSOR OF LATIN IN UNIVERSITY COLLEGE, LONDON

'aurea dicta
aurea'—BK. III. 12

RIVINGTONS

WATERLOO PLACE, LONDON

MDCCCLXXXIX

INTRODUCTION

MY experience as a teacher has led me to put a very high value on the reading of Lucretius. Both from the linguistic and the literary point of view he is remarkably instructive. He has a genuinely Italian force about him which is not to be found in any other Roman poet, excepting Catullus, who is scarcely available, and the Satirists, whom it is probably expedient to postpone to a time later than the period of school-life. In intrinsic literary merit he stands very high among the world's poets. His metre, too, suggests an instructive study. On the other hand, he represents an important stage in the development of the language. But it must be allowed that, taken as a whole, the *De Rerum Natura* will be an uncongenial study to a young reader. The relation of the poem to the speculations of Greek philosophy, its remarkable anticipation of modern discovery, interest more mature students. Even these find much that is wearisome in arguments which are not relieved from tedium by the extreme

ingenuity with which they are often expressed. A
boy can hardly be expected to interest himself in
comparing the reasoning of Lucretius with the theories
of the early physicists, and he is commonly without
the knowledge by which he could connect them with
modern developments of science. He finds himself
accordingly confronted with difficulties which have
no corresponding advantage. Mr. Dymes' idea of
selecting an anthology of Lucretius seems to meet
these objections. It is often difficult, or even impossible, to separate the "beauties:" of a poet from the
context in which they stand. With Lucretius it is
particularly easy. It sometimes even seems that these
passages have been purposely introduced to relieve the
weariness of abstruse or technical reasoning; and that
accordingly they can be detached without loss from
an argument with which they have no organic con-
nection. The range of school-reading in classics,
happily much enlarged of late years, will, I venture
to think, be profitably extended by this selection.

A. C.

PREFACE

THIS little book purports to be, and it is hoped is, a collection of the finest passages of the great poem *De Rerum Natura*—a " Golden Treasury " of Lucretius.

There is no need for me to discuss the merits of Lucretius as a poet, or to justify such a selection. It is now almost universally admitted that he stands in the very front rank of poets—second to but few of all ages —in conception and expression, and other high poetic qualifications.

My main object has been to collect and present these beauties, which I think are not so widely and well known as they deserve to be, and to let them speak for themselves, as far as may be. It seemed to me a pity to overlay such poetry with notes, and I have therefore almost limited myself to such explanations as seemed necessary for the full and accurate understanding of Lucretius' own words. This help I have endeavoured to supply fully, but little or nothing beyond it.

The student will have to look to his Dictionaries and Grammar for ordinary difficulties; I help only where such books are insufficient, and should be sorry to abridge the gains got by juvenile research.

It has required some little abstinence at times not to call attention to the surpassing beauties of the poetry, and illustrate them by passages from other poets. Such illustrations would serve chiefly to prove how greatly later poets are indebted to Lucretius, Vergil especially, and that he was, as has been justly said, "saturated" with Lucretius' poem. I would venture rather to recommend that the student should learn these "*aurea dicta*" by heart, or at least make himself very familiar with them; following the more natural order, he will then be able to illustrate his Vergil for himself, and to recognise the obligations of other poets to Lucretius.

Many of these extracts are not difficult. Any one who can read Vergil can read them, and any boy who can work his way through his Vergil can do the same by this book. It contains but little of the purely philosophical parts of the poem, as, whatever their merits of argument and expression, they do not, from the nature of the case, afford scope for the highest poetical beauties.

The philosophy, therefore, of Lucretius does not enter largely into these extracts. It will be enough for the juvenile student to know at starting that he thought that the gods did not take any part in the creation of the world nor the concerns of man (*securum agere aevum*), and that man is not immortal. His opinions on such matters possess now but little interest for the general student—not so his Poetry.

It is hoped that these extracts may be found suitable for furnishing a term's reading instead of Vergil, and afford at the same time a pleasant and profitable change.

The Text, with few variations, is that of Lachmann.

In the Notes to this book I am sometimes indebted to the large body of Lucretian annotation which has long since passed into common property, while I have the pleasure of expressing my special obligations to the *magnum opus* of Munro, both as a student of Lucretius, and, directly, as indicated in the Notes under the letter M. (4th Edit. 1886).

1 COLVILLE HOUSES,
    NOTTING HILL, W.

T. LUCRETI CARI

DE RERUM NATURA

LIBER PRIMUS.

AENEADUM genetrix, hominum divomque voluptas
alma Venus, caeli subter labentia signa
quae mare navigerum, quae terras frugiferentis
concelebras, per te quoniam genus omne animantum
concipitur visitque exortum lumina solis.　　　　　5
te, dea, te fugiunt venti, te nubila caeli
adventumque tuum, tibi suavis daedala tellus
summittit flores, tibi rident aequora ponti
placatumque nitet diffuso lumine caelum.
nam simul ac species patefactast verna diei　　　10
et reserata viget genitabilis aura favoni,
aëriae primum volucres te, diva, tuumque
significant initum perculsae corda tua vi.
inde ferae pecudes persultant pabula laeta
et rapidos tranant amnis: ita capta lepore　　　15
te sequitur cupide quo quamque inducere pergis.
denique per maria ac montis fluviosque rapacis
frondiferasque domos avium camposque virentis
omnibus incutiens blandum per pectora amorem
efficis ut cupide generatim saecla propagent.　　　20
quae quoniam rerum naturam sola gubernas,

nec sine te quicquam dias in luminis oras
exoritur neque fit laetum neque amabile quicquam,
te sociam studeo scribendis versibus esse,
quos ego de rerum natura pangere conor   25
Memmiadae nostro, quem tu, dea, tempore in omni
omnibus ornatum voluisti excellere rebus.
quo magis aeternum da dictis, diva, leporem.
effice ut interea fera moenera militiai
per maria ac terras omnis sopita quiescant.   30
nam tu sola potes tranquilla pace iuvare
mortalis, quoniam belli fera moenera Mavors
armipotens regit, in gremium qui saepe tuum se
reicit aeterno devictus vulnere amoris,
atque ita suspiciens, tereti cervice reposta,   35
pascit amore avidos, inhians in te, dea, visus,
eque tuo pendet resupini spiritus ore.
hunc tu, diva, tuo recubantem corpore sancto
circum fusa super, suavis ex ore loquellas
funde petens placidam Romanis, incluta, pacem :   40
nam neque nos agere hoc patriai tempore iniquo
possumus aequo animo nec Memmi clara propago
talibus in rebus communi desse saluti.

. . . .

quod super est, vacuas auris animumque sagacem   50
semotum a curis adhibe veram ad rationem ;
ne mea dona tibi studio disposta fideli,
intellecta prius quam sint, contempta relinquas.
nam tibi de summa caeli ratione deumque
disserere incipiam, et rerum primordia pandam,   55
unde omnis natura creet res, auctet, alatque,

quove eadem rursum natura perempta resolvat ;
quae nos materiem et genitalia corpora rebus
reddunda in ratione vocare et semina rerum
appellare suëmus et haec eadem usurpare 60
corpora prima, quod ex illis sunt omnia primis.
Humana ante oculos foede cum vita iaceret
in terris oppressa gravi sub religione
quae caput a caeli regionibus ostendebat
horribili (super) aspectu mortalibus instans, 65
primum Graius homo mortalis tendere contra
est oculos ausus primusque obsistere contra ;
quem neque fana deum nec fulmina nec minitanti
murmure compressit caelum, sed eo magis acrem
inritat animi virtutem, effringere ut arta͵ 70
naturae primus portarum claustra cupiret.
ergo vivida vis animi pervicit, et extra
processit longe flammantia moenia mundi
atque omne immensum peragravit mente animoque ;
unde refert nobis victor quid possit oriri, 75
quid nequeat, finita potestas denique cuique
(qua nam sit ratione atque alte terminus haerens.)
quare religio pedibus subiecta vicissim
opteritur, nos exaequat victoria caelo.
Illud in his rebus vereor, ne forte rearis 80
inpia te rationis inire elementa viamque
indugredi sceleris. quod contra saepius illa
religio peperit scelerosa atque impia facta.
Aulide quo pacto Triviai virginis aram
Iphianassai turparunt sanguine foede 85
ductores Danaum delecti, prima virorum.

cui simul infula virgineos circumdata comptus
ex utraque pari malarum parte profusast,
et maestum simul ante aras adstare parentem
sensit, et hunc propter ferrum celare ministros,   90
aspectuque suo lacrimas effundere civis,
muta metu terram genibus summissa petebat :
nec miserae prodesse in tali tempore quibat
quod patrio princeps donarat nomine regem :
nam sublata virum manibus tremibundaque ad aras   95
deductast, non ut solemni more sacrorum
perfecto posset claro comitari Hymenaeo,
sed casta inceste, nubendi tempore in ipso,
hostia concideret mactatu maesta parentis,'
exitus ut classi felix faustusque daretur.   100
tantum religio potuit suadere malorum.
   Tutemet a nobis iam quovis tempore vatum
terriloquis victus dictis desciscere quaeres.
quippe etenim quam multa tibi iam fingere possunt
somnia, quae vitae rationes vertere possint   105
fortunasque tuas omnis turbare timore !
et merito : nam si certam finem esse viderent
aerumnarum homines, aliqua ratione valerent
religionibus atque minis obsistere vatum :
nunc ratio nulla est restandi, nulla facultas,   110
aeternas quoniam poenas in morte timendumst.
ignoratur enim quae sit natura animai,
nata sit, an contra nascentibus insinuetur,
et simul intereat nobiscum morte dirempta,
an tenebras Orci visat vastasque lacunas,   115
an pecudes alias divinitus insinuet se,

Ennius ut noster cecinit, qui primus amoeno
detulit ex Helicone perenni fronde coronam,
per gentis Italas hominum quae clara clueret;
etsi praeterea tamen esse Acherusia templa   120
Ennius aeternis exponit versibus edens,
quo neque permaneant animae neque corpora nostra,
sed quaedam simulacra modis pallentia miris
unde sibi exortam semper florentis Homeri
commemorat speciem lacrimas effundere salsas   125
coepisse et rerum naturam expandere dictis.
qua propter bene cum superis de rebus habenda
nobis est ratio, solis lunaeque meatus
qua fiant ratione, et qua vi quaeque gerantur
in terris, tum cum primis ratione sagaci   130
unde anima atque animi constet natura videndum,
et quae res nobis vigilantibus obvia mentes
terrificet morbo adfectis somnoque sepultis,
cernere uti videamur eos audireque coram,
morte obita quorum tellus amplectitur ossa.   135
    Nec me animi fallit Graiorum obscura reperta
difficile inlustrare Latinis versibus esse,
multa novis verbis praesertim cum sit agendum
propter egestatem linguae et rerum novitatem :
sed tua me virtus tamen et sperata voluptas   140
suavis amicitiae quemvis sufferre laborem
suadet et inducit noctes vigilare serenas,
quaerentem dictis quibus et quo carmine demum
clara tuae possim praepandere lumina menti,
res quibus occultas penitus convisere possis.   145
    Hunc igitur terrorem animi tenebrasque necessest

non radii solis neque lucida tela diei
discutiant, sed naturae species ratioque.

. . . .

haud igitur redit ad nilum res ulla, sed omnes   248
discidio redeunt in corpora materiai.
postremo pereunt imbres, ubi eos pater aether   250
in gremium matris terrai praecipitavit :
at nitidae surgunt fruges, ramique virescunt
arboribus, crescunt ipsae fetuque gravantur :
hinc alitur porro nostrum genus atque ferarum :
hinc laetas urbes pueris florere videmus,   255
frondiferasque novis avibus canere undique silvas :
hinc fessae pecudes pingui per pabula laeta
corpora deponunt, et candens lacteus umor
uberibus manat distentis : hinc nova proles
artubus infirmis teneras lasciva per herbas   260
ludit lacte mero mentes perculsa novellas.
haud igitur penitus pereunt quaecumque videntur ;
quando alid ex alio reficit natura, nec ullam
rem gigni patitur, nisi morte adiuta aliena.
Nunc age, res quoniam docui non posse creari   265
de nilo neque item genitas ad nil revocari,
ne qua forte tamen coeptes diffidere dictis,
quod nequeunt oculis rerum primordia cerni,
accipe praeterea quae corpora tute necessest
confiteare esse in rebus nec posse videri.   270
principio venti vis verberat incita pontum
ingentisque ruit navis et nubila differt,
interdum rapido percurrens turbine campos
arboribus magnis sternit montisque supremos

silvifragis vexat flabris : ita perfurit acri   275
cum fremitu saevitque minaci murmure ventus.
sunt igitur venti, nimirum, corpora caeca,
quae mare, quae terras, quae denique nubila caeli
verrunt ac subito vexantia turbine raptant,
nec ratione fluunt alia stragemque propagant,   280
et cum mollis aquae fertur natura repente
flumine abundanti, quam largis imbribus auget
montibus ex altis magnus decursus aquai,
fragmina coniciens silvarum arbustaque tota,
nec validi possunt pontes venientis aquai   285
vim subitam tolerare : ita magno turbidus imbri
molibus incurrit, validis cum viribus, amnis,
dat sonitu magno stragem, volvitque sub undis
grandia saxa, ruunt quae quidquid fluctibus obstat.
sic igitur debent venti quoque flamina ferri,   290
quae veluti validum cum flumen procubuere
quam libet in partem, trudunt res ante ruuntque
impetibus crebris, interdum vertice torto
corripiunt rapideque rotanti turbine portant.
quare etiam atque etiam sunt venti corpora caeca,   295
quandoquidem factis et moribus aemula magnis
amnibus inveniuntur, aperto corpore qui sunt.
tum porro varios rerum sentimus odores,
nec tamen ad naris venientis cernimus umquam,
nec calidos aestus tuimur, nec frigora quimus   300
usurpare oculis, nec voces cernere suemus ;
quae tamen omnia corporea constare necessest
natura, quoniam sensus inpellere possunt :
tangere enim et tangi, nisi corpus, nulla potest res.

denique fluctifrago suspensae in litore vestes   305
uvescunt, eaedem dispansae in sole serescunt.
at neque quo pacto´persederit umor aquai
visumst, nec rursum quo pacto fugerit aestu.
in parvas igitur partis dispergitur umor,
quas oculi nulla possunt ratione videre.   310
quin etiam multis solis redeuntibus annis
anulus in digito subter tenuatur habendo,
stilicidi casus lapidem cavat, uncus aratri
ferreus occulte decrescit vomer in arvis,
strataque iam volgi pedibus detrita viarum   315
saxea conspicimus : tum, portas propter, aëna
signa manus dextras ostendunt adtenuari
saepe salutantum tactu praeterque meantum.
haec igitur minui, cum sint detrita, videmus :
sed quae corpora decedant in tempore quoque,   320
invida praeclusit spatium natura videndi.
postremo quaecumque dies naturaque rebus
paulatim tribuit, moderatim crescere cogens,
nulla potest oculorum acies contenta tueri,
nec porro quaecumque aevo macieque senescunt   325
nec, mare quae inpendent, vesco sale saxa peresa
quid quoque amittant in tempore cernere possis.
corporibus caecis igitur natura gerit res.   328

. . . .

   Qua propter, quamvis causando multa moreris   398
esse in rebus inane tamen fateare necessest.
multaque praeterea tibi possum commemorando   400
argumenta fidem dictis conradere nostris.
verum animo satis haec vestigia parva sagaci

sunt, per quae possis cognoscere cetera tute :
namque canes ut montivagae persaepe ferai
naribus inveniunt intectas fronde quietes,   405
cum semel institerunt vestigia certa viai,
sic alid ex alio per te tute ipse videre
talibus in rebus poteris caecasque latebras
insinuare omnis et verum protrahere inde.
quod si pigraris paulumve recesseris ab re,   410
hoc tibi de plano possum promittere, Memmi :
usque adeo largis haustos e fontibus amnis
lingua meo suavis diti de pectore fundet,
ut verear ne tarda prius per membra senectus
serpat et in nobis vitai claustra resolvat,   415
quam tibi de quavis una re versibus omnis
argumentorum sit copia missa per auris.   417

. . . .

Quapropter qui materiem rerum esse putarunt   705
ignem atque ex igni summam consistere posse,
et qui principium gignundis aëra rebus
constituere, aut umorem quicumque putarunt
fingere res ipsum per se, terramve creare
omnia et in rerum naturas vertier omnis,   710
magno opere a vero longe derrasse videntur.
adde etiam qui conduplicant primordia rerum,
aëra iungentes igni, terramque liquori,
et qui quattuor ex rebus posse omnia rentur
ex igni terra atque anima procrescere et imbri.   715
quorum Acragantinus cum primis Empedocles est
insula quem triquetris terrarum gessit in oris,
quam fluitans circum magnis anfractibus aequor

Ionium glaucis aspargit virus ab undis,
angustoque fretu rapidum mare dividit *almae*   720
Italiae terrarum oras a finibus eius.
hic est vasta Charybdis, et hic Aetnaea minantur
murmura flammarum rursum se colligere iras,
faucibus eruptos iterum vis ut vomat ignis
ad caelumque ferat flammai fulgura rursum.   725
quae cum magna modis multis miranda videtur
gentibus humanis regio visendaque fertur,
rebus opima bonis, multa munita virum vi,
nil tamen hoc habuisse viro praeclarius in se
nec sanctum magis et mirum carumque videtur.   730
carmina quin etiam divini pectoris eius
vociferantur et exponunt praeclara reperta,
ut vix humana videatur stirpe creatus.
    Hic tamen et supra quos diximus inferiores
partibus egregie multis multoque minores,   735
quamquam multa bene ac divinitus invenientes
ex adyto tamquam cordis responsa dedere
sanctius et multo certa ratione magis quam
Pythia quae tripodi a Phoebi lauroque profatur
principiis tamen in rerum fecere ruinas
et graviter magni magno cecidere ibi casu.   741

. . . .

    Nunc age, quod super est cognosce et clarius audi.   921
nec me animi fallit quam sint obscura : sed acri
percussit thyrso laudis spes magna meum cor
et simul incussit suavem mi in pectus amorem
musarum, quo nunc instinctus mente vigenti   925
avia Pieridum peragro loca nullius ante

trita solo. iuvat integros accedere fontis
atque haurire, iuvatque novos decerpere flores
insignemque meo capiti petere inde coronam,
unde prius nulli velarint tempora musae ;   930
primum quod magnis doceo de rebus et artis
religionum animum nodis exsolvere pergo,
deinde quod obscura de re tam lucida pango
carmina, musaeo contingens cuncta lepore.
id quoque enim non ab nulla ratione videtur :   935
sed veluti pueris absinthia taetra medentes
cum dare conantur, prius oras, pocula circum,
contingunt mellis dulci flavoque liquore,
ut puerorum aetas inprovida ludificetur
labrorum tenus, interea perpotet amarum   940
absinthi laticem, deceptaque non capiatur,
sed potius tali pacto recreata valescat,
sic ego nunc, quoniam haec ratioque plerumque videtur
tristior esse quibus non est tractata, retroque
volgus abhorret ab hac, volui tibi suaviloquenti   945
carmine Pierio rationem exponere nostram
et quasi musaeo dulci contingere melle ;
si tibi forte animum tali ratione tenere
versibus in nostris possem, dum perspicis omnem
naturam rerum, qua constet compta figura.   950
. . . .
ne volucri ritu flammarum moenia mundi   1102
diffugiant subito magnum per inane soluta,
et ne cetera consimili ratione sequantur,
neve ruant caeli penetralia templa superne   1105
terraque se pedibus raptim subducat et omnis

inter permixtas rerum caelique ruinas
corpora solventes abeat per inane profundum,
temporis ut puncto nil extet reliquiarum,
desertum praeter spatium et primordia caeca.　　1110
nam quacumque prius de parti corpore desse
constitues, haec rebus erit pars ianua leti :
hac se turba foras dabit omnis materiai.

　Haec, sis, pernoscas parva perdoctus opella.
namque alid ex alio clarescet, nec tibi caeca　　1115
nox iter eripiet, quin ultima naturai
pervideas : ita res accendent lumina rebus.

SUAVE, mari magno turbantibus aequora ventis,
e terra magnum alterius spectare laborem;
non quia vexari quemquamst iucunda voluptas,
sed quibus ipse malis careas quia cernere suave est:
suave etiam belli certamina magna tueri   5
per campos instructa, tua sine parte pericli.
sed nil dulcius est, bene quam munita tenere
edita doctrina sapientum templa serena,
despicere unde queas alios passimque videre
errare atque viam palantis quaerere vitae,   10
certare ingenio, contendere nobilitate,
noctes atque dies niti praestante labore
ad summas emergere opes rerumque potiri.
o miseras hominum mentes, o pectora caeca!
qualibus in tenebris vitae quantisque periclis   15
degitur hoc aevi quodcumquest! nonne videre
nil aliud sibi naturam latrare, nisi ut, qui
corpore seiunctus dolor absit, mente fruatur
iucundo sensu, cura semotu' metuque?
ergo corpoream ad naturam pauca videmus   20
esse opus omnino, quae demant cumque dolorem,

delicias quoque uti multas substernere possint.
gratius interdum neque natura ipsa requirit,
si non aurea sunt iuvenum simulacra per aedes
lampadas igniferas manibus retinentia dextris,   25
lumina nocturnis epulis ut suppeditentur,
nec domus argento fulgenti auroque renidet,
nec citharae reboant laqueata aurataque tecta,
cum tamen inter se prostrati in gramine molli
propter aquae rivum sub ramis arboris altae   30
non magnis opibus iucunde corpora curant,
praesertim cum tempestas adridet et anni
tempora conspergunt viridantis floribus herbas.
nec calidae citius decedunt corpore febres,
textilibus si in picturis ostroque rubenti   35
iacteris, quam si in plebeia veste cubandum est.
quapropter quoniam nil nostro in corpore gazae
proficiunt neque nobilitas nec gloria regni,
quod superest, animo quoque nil prodesse putandum ;
si non forte tuas legiones per loca campi   40
fervere cum videas, belli simulacra cientis,
subsidiis magnis hastatis constabilitas ?
ornatas armis pariter pariterque animatas,
fervere cum videas classem lateque vagari,
his tibi tum rebus timefactae religiones
effugiunt animo pavide, mortisque timores   45
tum vacuum pectus lincunt curaque solutum.
quod si ridicula haec ludibriaque esse videmus,
re veraque metus hominum curaeque sequaces
nec metuunt sonitus armorum nec fera tela,
audacterque inter reges rerumque potentis   50

versantur, neque fulgorem reverentur ab auro
nec clarum vestis splendorem purpureai,
quid dubitas quin omni' sit haec rationi' potestas ?
omnis cum in tenebris praesertim vita laboret.
nam veluti pueri trepidant atque omnia caecis   55
in tenebris metuunt, sic nos in luce timemus
interdum, nilo quae sunt metuenda magis quam
quae pueri in tenebris pavitant finguntque futura.
hunc igitur terrorem animi tenebrasque necessest
non radii solis neque lucida tela diei   60
discutiant, sed naturae species ratioque.
 Nunc age, quo motu genitalia materiai
corpora res varias gignant genitasque resolvant,
et qua vi facere id cogantur, quaeque sit ollis
reddita mobilitas magnum per inane meandi,   65
expediam : tu te dictis praebere memento.
nam certe non inter se stipata cohaeret
materies, quoniam minui rem quamque videmus,
et quasi longinquo fluere omnia cernimus aevo
ex oculisque vetustatem subducere nostris,   70
cum tamen incolumis videatur summa manere
propterea quia, quae decedunt corpora cuique,
unde abeunt minuunt, quo venere augmine donant.
illa senescere at haec contra florescere cogunt,
nec remorantur ibi.   sic rerum summa novatur   75
semper, et inter se mortales mutua vivunt.
augescunt aliae gentes, aliae minuuntur,
inque brevi spatio mutantur saecla animantum
et quasi cursores vitai lampada tradunt.   79

Cetera dissiliunt longe, longeque recursant
in magnis intervallis : haec aëra rarum
sufficiunt nobis et splendida lumina solis.
multaque praeterea magnum per inane vagantur,
conciliis rerum quae sunt reiecta nec usquam
consociare etiam motus potuere recepta.
cuius, uti memoro, rei simulacrum et imago
ante oculos semper nobis versatur et instat.
contemplator enim, cum solis lumina cumque
inserti fundunt radii per opaca domorum :
multa minuta modis multis per inane videbis
corpora misceri, radiorum lumine in ipso,
et velut aeterno certamine proelia pugnas
edere turmatim certantia nec dare pausam,
conciliis et discidiis exercita crebris ;
conicere ut possis ex hoc, primordia rerum
quale sit in magno iactari semper inani.
dumtaxat, rerum magnarum parva potest res
exemplare dare et vestigia notitiai.
hoc etiam magis haec animum te advertere par est
corpora quae in solis radiis turbare videntur,
quod tales turbae motus quoque materiai
significant clandestinos caecosque subesse.
multa videbis enim plagis ibi percita caecis
commutare viam retroque repulsa reverti.
nunc huc nunc illuc, in cunctas undique partis.
scilicet, hic a principiis est omnibus error.
prima moventur enim per se primordia rerum :
inde ea quae parvo sunt corpora conciliatu
et quasi proxima sunt ad viris principiorum,

ictibus illorum caecis inpulsa cientur,
ipsaque proporro paulo maiora lacessunt.
sic a principiis ascendit motus et exit
paulatim nostros ad sensus, ut moveantur
illa quoque, in solis quae lumine cernere quimus   140
nec quibus id faciant plagis apparet aperte.
   Nunc quae mobilitas sit reddita materiai
corporibus, paucis licet hinc cognoscere, Memmi.
primum aurora novo cum spargit lumine terras,
et variae volucres nemora avia pervolitantes   145
aëra per tenerum liquidis loca vocibus opplent,
quam subito soleat sol ortus tempore tali
convestire sua perfundens omnia luce,
omnibus in promptu manifestumque esse videmus.   149
. . . .
Praesertim cum, quae possimus cernere, celent   315
saepe tamen motus, spatio diducta locorum.
nam saepe in colli tondentes pabula laeta
lanigerae reptant pecudes quo quamque vocantes
invitant herbae gemmantes rore recenti,
et satiati agni ludunt blandeque coruscant;   320
omnia quae nobis longe confusa videntur
et velut in viridi candor consistere colli.
praeterea magnae legiones cum loca cursu
camporum complent, belli simulacra cientes,
fulgor ibi ad caelum se tollit, totaque circum   325
aere renidescit tellus, supterque virum vi
excitur pedibus sonitus, clamoreque montes
icti reiectant voces ad sidera mundi,
et circum volitant equites mediosque repente

tramittunt valido quatientes impete campos :   330
et tamen est quidam locus altis montibus, *unde*
stare videntur et in campis consistere fulgor.

. . . .

Praestat rem genus humanum mutaeque natantes   342
squamigerum pecudes et laeta armenta feraeque,
et variae volucres, laetantia quae loca aquarum
concelebrant circum ripas fontisque lacusque,   345
et quae pervolgant nemora avia pervolitantes ;
quorum unum quidvis generatim sumere perge :
invenies tamen inter se differre figuris.
nec ratione alia proles cognoscere matrem
nec mater posset prolem ; quod posse videmus,   350
nec minus atque homines inter se nota cluere.
nam saepe ante deum vitulus delubra decora
turicremas propter mactatus concidit aras,
sanguinis expirans calidum de pectore flumen :
at mater viridis saltus orbata peragrans   355
noscit humi pedibus vestigia pressa bisulcis,
omnia convisens oculis loca, si queat usquam
conspicere amissum fetum, completque querellis
frondiferum nemus adsistens, et crebra revisit
ad stabulum, desiderio perfixa iuvenci,   360
nec tenerae salices atque herbae rore vigentes
fluminaque illa queunt summis labentia ripis
oblectare animum dubiamque avertere curam,
nec vitulorum aliae species per pabula laeta
derivare queunt animum curaque levare :   365
usque adeo quiddam proprium notumque requirit.
praeterea teneri tremulis cum vocibus haedi

cornigeras norunt matres, agnique petulci
balantum pecudes : ita, quod natura reposcit,
ad sua quisque fere decurrunt ubera lactis.   370
postremo quodvis frumentum non tamen omne
quique suo genere inter se simile esse videbis,
quin intercurrat quaedam distantia formis.
concharumque genus parili ratione videmus
pingere telluris gremium, qua mollibus undis   375
litoris incurvi bibulam pavit aequor harenam.
quare etiam atque etiam simili ratione necessest,
natura quoniam constant neque facta manu sunt
unius ad certam formam primordia rerum,
dissimili inter se quaedam volitare figura.   380

. . . .

Nec superare queunt motus itaque exitiales   569
perpetuo neque in aeternum sepelire salutem,
nec porro rerum genitales auctificique
motus perpetuo possunt servare creata.
sic aequo geritur certamine principiorum
ex infinito contractum tempore bellum.
nunc hic nunc illic superant vitalia rerum,   575
et superantur item.   miscetur funere vagor,
quem pueri tollunt visentis luminis oras :
nec nox ulla diem neque noctem aurora secutast,
quae non audierit mixtos vagitibus aegris
ploratus, mortis comites et funeris atri.   580
Illud in his obsignatum quoque rebus habere
convenit et memori mandatum mente tenere,
nil esse, in promptu quorum natura videtur,
quod genere ex uno consistat principiorum,

nec quicquam quod non permixto semine constet: 585
et quodcumque magis vis multas possidet in se
atque potestates, ita plurima principiorum
in sese genera ac varias docet esse figuras.
principio tellus habet in se corpora prima,
unde mare inmensum volventes frigora fontes   590
adsidue renovent, habet ignes unde oriantur:
nam multis succensa locis ardent sola terrae,
eximiis vero furit ignibus impetus Aetnae:
tum porro nitidas fruges arbustaque laeta
gentibus humanis habet unde extollere possit,   595
unde etiam fluvios frondes et pabula laeta
montivago generi possit praebere ferarum.
quare magna deum mater materque ferarum
et nostri genetrix haec dicta est corporis una.
    Hunc veteres Graium docti cecinere poëtae   600
*   *   *   *   *   *   *   *
sedibus in curru biiugos agitare leones,
aëris in spatio magnam pendere docentes
tellurem, neque posse in terra sistere terram.
adiunxere feras, quia quamvis effera proles
officiis debet molliri victa parentum.   605
muralique caput summum cinxere corona,
eximiis munita locis quia sustinet urbes;
quo nunc insigni per magnas praedita terras
horrifice fertur divinae matris imago.
hanc variae gentes antiquo more sacrorum   610
Idaeam vocitant matrem, Phrygiasque catervas
dant comites, quia primum ex illis finibus edunt
per terrarum orbem fruges coepisse creari.

gallos attribuunt, quia, numen qui violarint
matris et ingrati genitoribus inventi sint, 615
significare volunt indignos esse putandos,
vivam progeniem qui in oras luminis edant.
tympana tenta tonant palmis et cymbala circum
concava, raucisonoque minantur cornua cantu,
et Phrygio stimulat numero cava tibia mentis, 620
telaque praeportant, violenti signa furoris,
ingratos animos atque impia pectora volgi
conterrere metu quae possint numini' divac.
ergo cum primum magnas invecta per urbis
munificat tacita mortalis muta salute, 625
aere atque argento sternunt iter omne viarum,
largifica stipe ditantes, ninguntque rosarum
floribus umbrantes matrem comitumque catervas.
hic armata manus, Curetas nomine Grai
quos memorant Phrygios, inter se forte *quod armis* 630
ludunt in numerumque exultant sanguinolenti,
terrificas capitum quatientes nomine cristas,
Dictaeos referunt Curetas, qui Iovis illum
vagitum in Creta quondam occultasse feruntur
cum pueri circum puerum pernice chorea 635
armati in numerum pulsarent aeribus aera,
ne Saturnus eum malis mandaret adeptus
aeternumque daret matri sub pectore volnus.
propterea magnam matrem armati comitantur, 640
aut quia significant divam praedicere ut armis
ac virtute velint patriam defendere terram,
praesidioque parent decorique parentibus esse.
quae bene et eximie quamvis disposta ferantur,

longe sunt tamen a vera ratione repulsa.   645
omnis enim per se divom natura necessest
inmortali aevo summa cum pace fruatur
semota ab nostris rebus seiunctaque longe :
nam privata dolore omni, privata periclis,
ipsa suis pollens opibus, nil indiga nostri,   650
nec bene promeritis capitur neque tangitur ira.

. . . .

Denique caelesti sumus omnes semine oriundi :   991
omnibus ille idem pater est, unde alma liquentis
umoris guttas mater cum terra recepit,
feta parit nitidas fruges arbustaque laeta
et genus humanum, parit omnia saecla ferarum,   995
pabula cum praebet, quibus omnes corpora pascunt
et dulcem ducunt vitam prolemque propagant ;
quapropter merito maternum nomen adepta est.
cedit item retro, de terra quod fuit ante,
in terras, et quod missumst ex aetheris oris,   1000
id rursum caeli rellatum templa receptant.
nec sic interemit mors res, ut materiai
corpora conficiat, sed coetum dissupat ollis :
inde aliis aliud coniungitur, et fit ut omnes
res ita convertant formas mutentque colores   .   1005
et capiant sensus et puncto tempore reddant.

. . . .

Nunc animum nobis adhibe veram ad rationem.   1023
nam tibi vementer nova res molitur ad auris
accidere et nova se species ostendere rerum.
sed neque tam facilis res ulla est, quin ea primum
difficilis magis ad credendum constet, itemque

nil adeo magnum neque tam mirabile quicquam,
quod non paulatim mittant mirarier omnes.
suspicito caeli clarum purumque colorem,   1030
quaeque in se cohibet, palantia sidera passim,
lunamque et solis praeclara luce nitorem ;
omnia quae nunc si primum mortalibus essent
ex inproviso visu subiecta repente,
quid magis his rebus poterat mirabile dici,   1035
aut minus ante quod auderent fore credere gentes ?
nil, ut opinor : ita haec species miranda fuisset.
quam tibi iam nemo, fessus satiate videndi,
suspicere in caeli dignatur lucida templa !
desine quapropter novitate exterritus ipsa   1040
expuere ex animo rationem, sed magis acri
iudicio perpende, et si tibi vera videntur,
dede manus, aut, si falsum est, accingere contra.
quaerit enim rationem animus, cum summa loci sit
infinita foris haec extra moenia mundi,   1045
quid sit ibi porro, quo prospicere usque velit mens
atque animi iactus liber quo pervolet ipse.

    Principio nobis in cunctas undique partis
et latere ex utroque *supra* supterque per omne
nulla est finis ; uti docui, res ipsaque per se   1050
vociferatur, et elucet natura profundi.

. . . .

    Sic igitur magni quoque circum moenia mundi   1148
expugnata dabunt labem putrisque ruinas :
iamque adeo fracta est aetas, effetaque tellus
vix animalia parva creat, quae cuncta creavit
saecla deditque ferarum ingentia corpora partu.

haud, ut opinor, enim mortalia saecla superne
aurea de caelo demisit funis in arva,
nec mare nec fluctus plangentis saxa crearunt,   · 1155
sed genuit tellus eadem quae nunc alit ex se.
praeterea nitidas fruges vinetaque laeta
sponte sua primum mortalibus ipsa creavit,
ipsa dedit dulcis fetus et pabula laeta ;
quae nunc vix nostro grandescunt aucta labore,   1160
conterimusque boves et viris agricolarum,
conficimus ferrum, vix arvis suppeditati :
usque adeo parcunt fetus augentque labore.
iamque caput quassans grandis suspirat arator
crebrius, incassum manuum cecidisse labores,   1165
et cum tempora temporibus praesentia confert
praeteritis, laudat fortunas saepe parentis.
tristis item vetulae vitis sator atque vietae
temporis incusat momen, caelumque fatigat,
et crepat, antiquum genus ut pietate repletum   1170
perfacile angustis tolerarit finibus aevom,
cum minor esset agri multo modus ante viritim :
nec tenet omnia paulatim tabescere et ire
ad capulum, spatio aetatis defessa vetusto.

LIBER TERTIUS.

E tenebris tantis tam clarum extollere lumen
qui primus potuisti inlustrans commoda vitae,
te sequor, o Graiae gentis decus, inque tuis nunc
ficta pedum pono pressis vestigia signis,
non ita certandi cupidus quam propter amorem   5
quod te imitari aveo : quid enim contendat hirundo
cycnis, aut quid nam tremulis facere artubus haedi
consimile in cursu possint et fortis equi vis ?
tu, pater, es rerum inventor, tu patria nobis
suppeditas praecepta, tuisque ex, inclute, chartis,   10
floriferis ut apes in saltibus omnia libant,
omnia nos itidem depascimur aurea dicta,
aurea, perpetua semper dignissima vita.
nam simul ac ratio tua coepit vociferari
naturam rerum, divina mente coorta,   15
diffugiunt animi terrores, moenia mundi
discedunt, totum video per inane geri res.
apparet divum numen sedesque quietae,
quas neque concutiunt venti nec nubila nimbis
aspergunt neque nix acri concreta pruina   20

25

cana cadens violat semperque innubilus aether
integit, et large diffuso lumine rident :
omnia suppeditat porro natura, neque ulla
res animi pacem delibat tempore in ullo.
at contra nusquam apparent Acherusia templa,   25
nec tellus obstat quin omnia dispiciantur,
sub pedibus quaecumque infra per inane geruntur.
his ibi me rebus quaedam divina voluptas
percipit adque horror, quod sic natura tua vi
tam manifesta patens ex omni parte retecta est.   30
    Et quoniam docui, cunctarum exordia rerum
qualia sint et quam variis distantia formis
sponte sua volitent aeterno percita motu,
quove modo possint res ex his quaeque creari,
hasce secundum res animi natura videtur   35
atque animae claranda meis iam versibus esse,
et metus ille foras praeceps Acheruntis agendus,
funditus humanam qui vitam turbat ab imo,
omnia suffundens mortis nigrore, neque ullam
esse voluptatem liquidam puramque relinquit.   40
nam quod saepe homines morbos magis esse timendos
infamemque ferunt vitam quam Tartara leti,
et se scire animae naturam sanguinis esse,
aut etiam venti, si fert ita forte voluntas,
nec prosum quicquam nostrae rationis egere,   45
hinc licet advertas animum magis omnia laudis
iactari causa quam quod res ipsa probetur.
extorres idem patria longeque fugati
conspectu ex hominum, foedati crimine turpi,
omnibus aerumnis adfecti denique vivunt,   50

et quocumque tamen miseri venere parentant
et nigras mactant pecudes et manibu' divis
inferias mittunt, multoque in rebus acerbis
acrius advertunt animos ad religionem.
quo magis in dubiis hominem spectare periclis   55
convenit adversisque in rebus noscere qui sit.
nam verae voces tum demum pectore ab imo
eliciuntur, *et* eripitur persona, manet res.
denique avarities et honorum caeca cupido,
quae miseros homines cogunt transcendere fines   60
iuris et interdum socios scelerum atque ministros
noctes atque dies niti praestante labore
ad summas emergere opes, haec vulnera vitae
non minimam partem mortis formidine aluntur.
turpis enim ferme contemptus et acris egestas   65
semota ab dulci vita stabilique videntur
et quasi iam leti portas cunctarier ante ;
unde homines dum se falso terrore coacti
effugisse volunt longe, longeque remosse,
sanguine civili rem conflant divitiasque   70
conduplicant avidi, caedem caede accumulantes,
crudeles gaudent in tristi funere fratris,
et consanguineum mensas odere timentque.
consimili ratione ab eodem saepe timore
macerat invidia.   ante oculos illum esse potentem,   75
illum aspectari, claro qui incedit honore,
ipsi se in tenebris volvi caenoque queruntur.
intereunt partim statuarum et nominis ergo.
et saepe usque adeo, mortis formidine, vitae
percipit humanos odium lucisque videndae,   80

ut sibi consciscant maerenti pectore letum,
obliti fontem curarum hunc esse timorem,
hunc vexare pudorem, hunc vincula amicitiai
rumpere et in summa pietatem evertere fundo :
nam iam saepe homines patriam carosque parentis   85
prodiderunt, vitare Acherusia templa petentes.
nam veluti pueri trepidant atque omnia caecis
in tenebris metuunt, sic nos in luce timemus
interdum, nilo quae sunt metuenda magis quam
quae pueri in tenebris pavitant finguntque futura.   90
hunc igitur terrorem animi tenebrasque necessest
non radii solis neque lucida tela diei
discutiant, sed naturae species ratioque.

. . . .

'Iam iam non domus accipiet te laeta, neque uxor   894
optima nec dulces occurrent oscula nati
praeripere et tacita pectus dulcedine tangent.
non poteris factis florentibus esse, tuisque
praesidium.   misero misere' aiunt 'omnia ademit
una dies infesta tibi tot praemia vitae.'
illud in his rebus non addunt, 'nec tibi earum   900
iam desiderium rerum super insidet una.'
quod bene si videant animo dictisque sequantur,
dissoluant animi magno se angore metuque.
'tu quidem ut es leto sopitus, sic eris aevi
quod super est cunctis privatu' doloribus aegris :   905
at nos horrifico cinefactum te prope busto
insatiabiliter deflevimus, aeternumque
nulla dies nobis merorem e pectore demet.'
illud ab hoc igitur quaerendum est, quid sit amari

tanto opere, ad somnum si res redit atque quietem,   910
cur quisquam aeterno possit tabescere luctu.
  Hoc etiam faciunt ubi discubuere tenentque
pocula saepe homines et inumbrant ora coronis,
ex animo ut dicant 'brevis hic est fructus homullis :
iam fuerit, neque post umquam revocare licebit.'   915
tamquam in morte mali cum primis hoc sit eorum,
quod sitis exurat miseros atque arida torres,
aut aliae cuius desiderium insideat rei.
nec sibi enim quisquam tum se vitamque requirit.
cum pariter mens et corpus sopita quiescunt :   920
nam licet aeternum per nos sic esse per aevom,
nec desiderium nostri nos adficit ullum :
et tamen haud quaquam nostros tunc illa per artus
longe ab sensiferis primordia motibus errant,
cum correptus homo ex somno se colligit ipse.   925
multo igitur mortem minus ad nos esse putamdumst,
si minus esse potest quam quod nil esse videmus :
maior enim turbae disiectus materiai
consequitur leto, nec quisquam expergitus exstat,
frigida quem semel est vitai pausa secuta.   930
  Denique si vocem rerum natura repente
mittat et hoc alicui nostrum sic increpet ipsa,
'quid tibi tanto operest, mortalis, quod nimis aegris
luctibus indulges ? quid mortem congemis ac fles ?
nam gratis*ne* fuit tibi vita ante acta priorque,   935
et non omnia pertusum congesta quasi in vas
commoda perfluxere atque ingrata interiere :
cur non ut plenus vitae conviva recedis,
aequo animoque capis securam, stulte, quietem ?

sin ea quae fructus cumque es periere profusa,   940
vitaque in offensust, cur amplius addere quaeris,
rursum quod pereat male et ingratum occidat omne,
non potius vitae finem facis atque laboris ?
nam tibi praeterea quod machiner inveniamque,
quod placeat, nil est : eadem sunt omnia semper.   945
si tibi non annis corpus iam marcet et artus
confecti languent, eadem tamen omnia restant,
omnia si pergas vivendo vincere saecla,
atque etiam potius, si numquam sis moriturus,'
quid respondemus, nisi iustam intendere litem   950
naturam et veram verbis exponere causam ?
grandior hic vero si iam seniorque queratur
atque obitum lamentetur miser amplius aequo,
non merito inclamet magis et voce increpet acri ?
'aufer abhinc lacrimas, balatro, et compesce querellas. 955
omnia perfunctus vitai praemia marces :
sed quia semper aves quod abest, praesentia temnis,
inperfecta tibi elapsast ingrataque vita,
et necopinanti mors ad caput adstitit ante
quam satur ac plenus possis discedere rerum.   960
nunc aliena tua tamen aetate omnia mitte,
aequo animoque, agedum, gnatis concede : necessest.'
iure, ut opinor, agat, iure increpet inciletque :
cedit enim rerum novitate extrusa vetustas
semper, et ex aliis aliud reparare necessest.   965
nec quisquam in barathrum nec Tartara deditur atra.
materies opus est, ut crescant postera saecla :
quae tamen omnia te vita perfuncta sequentur :
nec minus ergo ante haec quam tu cecidere, cadentque.

sic alid ex alio numquam desistet oriri, 970
vitaque mancipio nulli datur, omnibus usu.
respice item quam nil ad nos ante acta vetustas
temporis aeterni fuerit, quam nascimur ante.
hoc igitur speculum nobis natura futuri
temporis exponit post mortem denique nostram. 975
numquid ibi horribile apparet, num triste videtur
quicquam, non omni somno securius exstat ?
   Atque ea, nimirum, quaecumque Acherunte profundo
prodita sunt esse, in vita sunt omnia nobis.
nec miser inpendens magnum timet aëre saxum 980
Tantalus, ut famast, cassa formidine torpens :
sed magis in vita divom metus urget inanis
mortalis, casumque timent quem cuique ferat fors.
nec Tityon volucres ineunt Acherunte iacentem,
nec quod sub magno scrutentur pectore quicquam 985
perpetuam aetatem possunt reperire profecto.
quamlibet immani proiectu corporis exstet,
qui non sola novem dispessis iugera membris
optineat, sed qui terrai totius orbem,
non tamen aeternum poterit perferre dolorem 990
nec praebere cibum proprio de corpore semper.
sed Tityos nobis hic est, in amore iacentem
quem volucres lacerant atque exest anxius angor
aut alia quavis scindunt cuppedine curae.
Sisyphus in vita quoque nobis ante oculos est, 995
qui petere a populo fasces saevasque secures
imbibit, et semper victus tristisque recedit.
nam petere imperium, quod inanest nec datur umquam,
atque in eo semper durum sufferre laborem,

hoc est adverso nixantem trudere monte   1000
saxum, quod tamen *e* summo iam vertice rusum
volvitur et plani raptim petit aequora campi.
deinde animi ingratam naturam pascere semper,
atque explere bonis rebus satiareque numquam,
quod faciunt nobis annorum tempora, circum   1005
cum redeunt, fetusque ferunt variosque lepores,
nec tamen explemur vitai fructibus umquam,
hoc, ut opinor, id est, aevo florente puellas
quod memorant laticem pertusum congerere in vas,
quod tamen expleri nulla ratione potestur.   1010
Cerberus et Furiae iam vero, et lucis egenus
Tartarus horriferos eructans faucibus aestus,
quid ? neque sunt usquam nec possunt esse profecto :
sed metus in vita poenarum pro male factis
est insignibus insignis, scelerisque luella,   1015
carcer et horribilis de saxo iactu' deorsum,
verbera, carnifices, robur, pix, lammina, taedae ;
quae tamen etsi absunt, at mens sibi conscia factis
praemetuens adhibet stimulos terretque flagellis,
nec videt interea qui terminus esse malorum   1020
possit nec quae sit poenarum denique finis,
atque eadem metuit magis haec ne in morte gravescant.
hic Acherusia fit stultorum denique vita.
    Hoc etiam tibi tute interdum dicere possis.
'lumina sis oculis etiam bonus Ancu' reliquit,   1025
qui melior multis quam tu fuit, improbe, rebus.
inde alii multi reges rerumque potentes
occiderunt, magnis qui gentibus imperitarunt.
ille quoque ipse, viam qui quondam per mare magnum

stravit iterque dedit legionibus ire per altum   1030
ac pedibus salsas docuit superare lucunas
et contemsit equis insultans murmura ponti,
lumine adempto animam moribundo corpore fudit.
Scipiadas, belli fulmen, Carthaginis horror,
ossa dedit terrae proinde ac famul infimus esset.   1035
adde repertores doctrinarum atque leporum,
adde Heliconiadum comites; quorum unus Homerus
sceptra potitus eadem aliis sopitu' quietest.
denique Democritum postquam matura vetustas
admonuit memores motus languescere mentis,   1040
sponte sua leto caput obvius optulit ipse.
ipse Epicurus iit decurso lumine vitae,
qui genus humanum ingenio superavit et omnis
restinxit, stellas exortus ut aetherius sol.
tu vero dubitabis et indignabere obire?   1045
mortua cui vita est prope iam vivo atque videnti,
qui somno partem maiorem conteris aevi,
et vigilans stertis nec somnia cernere cessas,
sollicitamque geris cassa formidine mentem,
nec reperire potes tibi quid sit saepe mali, cum   1050
ebrius urgeris multis miser undique curis
atque animi incerto fluitans errore vagaris.'
  Si possent homines, proinde ac sentire videntur
pondus inesse animo, quod se gravitate fatiget,
e quibus id fiat causis quoque noscere et unde   1055
tanta mali tamquam moles in pectore constet,
haut ita vitam agerent, ut nunc plerumque videmus
quid sibi quisque velit nescire, et quaerere semper
commutare locum, quasi onus deponere possit.

exit saepe foras magnis ex aedibus ille,   1060
esse domi quem pertaesumst, subitoque *revertit*,
quippe foris nilo melius qui sentiat esse.
currit agens mannos ad villam praecipitanter,
auxilium tectis quasi ferre ardentibus instans :
oscitat extemplo, tetigit cum limina villae,   1065
aut abit in somnum gravis atque oblivia quaerit,
aut etiam properans urbem petit atque revisit.
hoc se quisque modo fugit : at quom, scilicet, ut fit,
effugere haut potis est, ingratis haeret et odit
propterea, morbi quia causam non tenet aeger ;   1070
quam bene si videat, iam rebus quisque relictis
naturam primum studeat cognoscere rerum,
temporis aeterni quoniam, non unius horae,
ambigitur status, in quo sit mortalibus omnis
aetas, post mortem quae restat cumque manenda.   1075
    Denique tanto opere in dubiis trepidare periclis
quae mala nos subigit vitai tanta cupido ?
certa quidem finis vitae mortalibus adstat,
nec devitari letum pote, quin obeamus.
praeterea versamur ibidem atque insumus usque,   1080
nec nova vivendo procuditur ulla voluptas :
sed dum abest quod avemus, id exsuperare videtur
cetera : post aliud, cum contigit illud, avemus,
et sitis aequa tenet vitai semper hiantis.
posteraque in dubiost fortunam quam vehat aetas,   1085
quidve ferat nobis casus quive exitus instet.
nec prorsum vitam ducendo demimus hilum
tempore de mortis nec delibare valemus,
quo minus esse diu possimus forte perempti.

proinde licet quotvis vivendo condere saecla :   1090
mors aeterna tamen nilo minus illa manebit,
nec minus ille diu iam non erit, ex hodierno
lumine qui finem vitai fecit, et ille,
mensibus atque annis qui multis occidit ante.

LIBER QUARTUS.

. . . .

Atque animi quoniam docui natura quid esset   26
et quibus e rebus cum corpore compta vigeret
quove modo distracta rediret in ordia prima,
nunc agere incipiam tibi, quod vementer ad has res
attinet, esse ea quae rerum simulacra vocamus;   30
quae, quasi membranae summo de corpore rerum
dereptae, volitant ultroque citroque per auras,
atque eadem nobis vigilantibus obvia mentes
terrificant atque in somnis, cum saepe figuras
contuimur miras simulacraque luce carentum,   35
quae nos horrifice languentis saepe sopore
excierunt; ne forte animas Acherunte reamur
effugere aut umbras inter vivos volitare,
neve aliquid nostri post mortem posse relinqui,
cum corpus simul atque animi natura perempta   40
in sua discessum dederint primordia cuique.

. . . .

Denique cum suavi devinxit membra sopore   453
somnus et in summa corpus iacet omne quiete,
tum vigilare tamen nobis et membra movere
nostra videmur, et in noctis caligine caeca
cernere censemus solem lumenque diurnum,

conclusoque loco caelum mare flumina montis
mutare et campos pedibus transire videmur,
et sonitus audire, severa silentia noctis   460
undique cum constent, et reddere dicta tacentes.
cetera de genere hoc miracula multa videmus,
quae violare fidem quasi sensibus omnia quaerunt,
nequiquam, quoniam pars horum maxima fallit
propter opinatus animi, quos addimus ipsi,   465
pro visis ut sint quae non sunt sensibu' visa :
nam nil aegrius est quam res secernere apertas
ab dubiis, animus quas ab se protinus addit.

. . . .

Proinde quod in quoquest his visum tempore, verumst.
et si non poterit ratio dissolvere causam,   500
cur ea quae fuerint iuxtim quadrata, procul sint
visa rutunda, tamen praestat rationis egentem
reddere mendose causas utriusque figurae,
quam manibus manifesta suis emittere quoquam
et violare fidem primam et convellere tota   505
fundamenta quibus nixatur vita salusque.
non modo enim ratio ruat omnis, vita quoque ipsa
concidat extemplo, nisi credere sensibus ausis,
praecipitisque locos vitare et cetera quae sint
in genere hoc fugienda, sequi contraria quae sint.   510
illa tibi est igitur verborum copia cassa
omnis, quae contra sensus instructa paratast.
denique ut in fabrica, si pravast regula-prima,
normaque si fallax rectis regionibus exit,
et libella aliqua si ex parti claudicat hilum,   515
omnia mendose fieri atque obstipa necesse est

prava cubantia prona supina atque absona tecta,
iam ruere ut quaedam videantur velle, ruantque
prodita iudiciis fallacibus omnia primis,
sic igitur ratio tibi rerum prava necessest   520
falsaque sit, falsis quaecumque ab sensibus ortast.

. . . .

Quae bene cum videas, rationem reddere possis
tute tibi atque aliis, quo pacto per loca sola
saxa paris formas verborum ex ordine reddant,
palantis comites cum montis inter opacos   575
quaerimus et magna dispersos voce ciemus.
sex etiam aut septem loca vidi reddere voces,
unam cum iaceres : ita colles collibus ipsi
verba repulsantes iterabant docta referri.
haec loca capripedes satyros nymphasque tenere   580
finitimi fingunt, et faunos esse locuntur,
quorum noctivago strepitu ludoque iocanti
adfirmant volgo taciturna silentia rumpi,
chordarumque sonos fieri, dulcisque querellas,
tibia quas fundit digitis pulsata canentum,   585
et genus agricolum late sentiscere, quom Pan
pinea semiferi capitis velamina quassans
unco saepe labro calamos percurrit hiantis,
fistula silvestrem ne cesset fundere musam.
cetera de genere hoc monstra ac portenta loquontur, 590
ne loca deserta ab divis quoque forte putentur
sola tenere.   ideo iactant miracula dictis,
aut aliqua ratione alia ducuntur, ut omne
humanum genus est avidum nimis auricularum.

Nunc quibus ille modis somnus per membra quietem 907
inriget atque animi curas e pectore solvat,
suavidicis potius quam multis versibus edam ;
parvus ut est cycni melior canor, ille gruum quam 910
clamor in aetheriis dispersus nubibus austri.
tu mihi da tenuis aures animumque sagacem,
ne fieri negites quae dicam posse, retroque
vera repulsanti discedas pectore dicta,
tutemet in culpa cum sis neque cernere possis. 915
principio somnus fit ubi est distracta per artus
vis animae partimque foras eiecta recessit
et partim contrusa magis concessit in altum :
dissoluuntur enim tum demum membra fluuntque.
nam dubium non est, animai quin opera sit 920
sensus hic in nobis, quem cum sopor inpedit esse,
tum nobis animam perturbatam esse putandumst
eiectamque foras ; non omnem : namque iaceret
aeterno corpus perfusum frigore leti.
quippe, ubi nulla latens animai pars remaneret 925
in membris, cinere ut multa latet obrutus ignis,
unde reconflari sensus per membra repente
posset, ut ex igni caeco consurgere flamma ?

. . . .

Et quo quisque fere studio devinctus adhaeret, 962
aut quibus in rebus multum sumus ante morati
atque in ea ratione fuit contenta magis mens,
in somnis eadem plerumque videmur obire ; 965
causidici causas agere et componere leges,
induperatores pugnare ac proelia obire,
nautae contractum cum ventis degere bellum,

nos agere hoc autem et naturam quaerere rerum
semper et inventam patriis exponere chartis.   970
cetera sic studia atque artes plerumque videntur
in somnis animos hominum frustrata tenere.
et quicumque dies multos ex ordine ludis
adsiduas dederunt operas, plerumque videmus,
cum iam destiterunt ea sensibus usurpare,   975
relicuas tamen esse vias in mente patentis,
qua possint eadem rerum simulacra venire :
per multos itaque illa dies eadem obversantur
ante oculos, etiam vigilantes ut videantur
cernere saltantis et mollia membra moventis,   980
et citharae liquidum carmen chordasque loquentis
auribus accipere, et consessum cernere eundem
scenaique simul varios splendere decores.
usque adeo magni refert studium atque voluptas,
et quibus in rebus consuerint esse operati   985
non homines solum sed vero animalia cuncta.
quippe videbis equos fortis, cum membra iacebunt,
in somnis sudare tamen spirareque semper,
et quasi de palma summas contendere viris
aut quasi carceribus patefactis   990
venantumque canes in molli saepe quiete
iactant crura tamen subito vocesque repente
mittunt et crebro redducunt naribus auras,
ut vestigia si teneant inventa ferarum,
expergefactique secuntur inania saepe   995
cervorum simulacra, fugae quasi dedita cernant,
donec discussis redeant erroribus ad se.
at consueta domi catulorum blanda propago

discutere et corpus de terra corripere instant
proinde quasi ignotas facies atque ora tuantur.   1000
et quo quaeque magis sunt aspera seminiorum,
tam magis in somnis eadem saevire necessust :
at variae fugiunt volucres pinnisque repente
sollicitant divom nocturno tempore lucos,
accipitres somno in leni si proelia pugnas   1005
edere sunt persectantes visaeque volantes.
porro hominum mentes, magnis qui motibus edunt
magna, itidem saepe in somnis faciuntque geruntque,
reges expugnant, capiuntur, proelia miscent,
tollunt clamorem, quasi si iugulentur ibidem. .   1010
multi depugnant gemitusque doloribus edunt,
et quasi pantherae morsu saevive leonis
mandantur magnis clamoribus omnia complent.
multi de magnis per somnum rebu' loquuntur,
indicioque sui facti persaepe fuere.   1015
multi mortem obeunt.   multi, de montibus altis
ut qui praecipitent ad terram corpore toto,
experguntur, et ex somno quasi mentibu' capti
vix ad se redeunt, permoti corporis aestu.
flumen item sitiens aut fontem propter amoenum   1020
adsidet et totum prope faucibus occupat amnem.

. . . .

Adde quod absumunt viris pereuntque labore,   1121
adde quod alterius sub nutu degitur aetas.
labitur interea res et Babylonica fiunt,
languent officia atque aegrotat fama vacillans.
argentum et pulchra in pedibus Sicyonia rident,   1125
scilicet, et grandes viridi cum luce zmaragdi

auro includuntur, teriturque thalassina vestis,
et bene parta patrum fiunt anademata, mitrae,
interdum in pallam atque indusia Ciaque vertunt.
eximia veste et victu convivia, lychni,   1130
pocula crebra, unguenta, coronae, serta, parantur,
nequiquam, quoniam medio de fonte leporum
surgit amari aliquit, quod in ipsis floribus angat,
aut cum conscius ipse animus se forte remordet
desidiose agere aetatem lustrisque perire,   1135
aut quod in ambiguo verbum iaculata reliquit,
quod cupido adfixum cordi vivescit ut ignis,
aut nimium iactare oculos aliumve tueri
quod putat in voltuque videt vestigia risus.

LIBER QUINTUS.

Quis potis est dignum pollenti pectore carmen
condere pro rerum maiestate hisque repertis?
quisve valet verbis tantum, qui fingere laudes
pro meritis eius possit, qui talia nobis
pectore parta suo quaesitaque praemia liquit?   5
nemo, ut opinor, erit mortali corpore cretus.
nam si, ut ipsa petit maiestas cognita rerum,
dicendum est, deus ille fuit, deus, inclyte Memmi,
qui princeps vitae rationem invenit eam quae
nunc appellatur sapientia, quique per artem   10
fluctibus e tantis vitam tantisque tenebris
in tam tranquillo et tam clara luce locavit.
confer enim divina aliorum antiqua reperta.
namque Ceres fertur fruges Liberque liquoris
vitigeni laticem mortalibus instituisse,   15
cum tamen his posset sine rebus vita manere,
ut fama est aliquas etiam nunc vivere gentis:
at bene non poterat sine puro pectore vivi;
quo magis hic merito nobis deus esse videtur,
ex quo nunc etiam per magnas didita gentis   20
dulcia permulcent animos solacia vitae.
Herculis antistare autem si facta putabis
longius a vera multo ratione ferere.

quid Nemeaeus enim nobis nunc magnus hiatus
ille leonis obesset et horrens Arcadius sus ?   25
denique quid Cretae taurus Lernaeaque pestis
hydra venenatis posset vallata colubris ?
quidve tripectora tergemini vis Geryonai
et Diomedis equi spirantes naribus ignem,
Thracis Bistoniasque plagas atque Ismara propter,   30
 *   *   *   *   *   *   *   *   *
tanto opere officerent nobis Stymphala colentes ?
aureaque Hesperidum servans fulgentia mala,
asper, acerba tuens, immani corpore serpens
arboris amplexus stirpem quid denique obesset
propter Atlanteum litus pelageque severa,   35
quo neque noster adit quisquam nec barbarus audet ?
cetera de genere hoc quae sunt portenta perempta,
si non victa forent, quid tandem viva nocerent ?
nil, ut opinor : ita ad satiatem terra ferarum
nunc etiam scatit et trepido terrore repleta est   40
per nemora ac montes magnos silvasque profundas ;
quae loca vitandi plerumque est nostra potestas.
at nisi purgatumst pectus, quae proelia nobis
atque pericula tumst ingratis insinuandum !
quantae tum scindunt hominem cuppedinis acres   45
sollicitum curae, quantique perinde timores !
quidve superbia spurcitia ac petulantia ? quantas
efficiunt clades ! quid luxus desidiaeque ?
haec igitur qui cuncta subegerit ex animoque
expulerit dictis, non armis, nonne decebit   50
hunc hominem numero divom dignarier esse ?
cum bene praesertim multa ac divinitus ipsis

immortalibu' de divis dare dicta suërit
atque omnem rerum naturam pandere dictis.

  Cuius ego ingressus vestigia dum rationes   55
persequor ac doceo dictis, quo quaeque creata
foedere sint, in eo quam sit durare necessum
nec validas valeant aevi rescindere leges,
quo genere in primis animi natura reperta est
nativo primum consistere corpore creta   60
nec posse incolumis magnum durare per aevom,
sed simulacra solere in somnis fallere mentem,
cernere cum videamur eum quem vita reliquit,
quod superest, nunc huc rationis detulit ordo,
ut mihi mortali consistere corpore mundum   65
nativomque simul ratio reddunda sit esse;
et quibus ille modis congressus materiai
fundarit terram, caelum, mare, sidera, solem,
lunaique globum; tum quae tellure animantes
extiterint, et quae nullo sint tempore natae;   70
quove modo genus humanum variante loquella
coeperit inter se vesci per nomina rerum;
et quibus ille modis divom metus insinuarit
pectora, terrarum qui in orbi sancta tuetur
fana lacus lucos aras simulacraque divom.   75
praeterea solis cursus lunaeque meatus
expediam qua vi flectat natura gubernans;
ne forte haec inter caelum terramque reamur
libera sponte sua cursus lustrare perennis,
morigera ad fruges augendas atque animantis,   80
neve aliqua divom volvi ratione putemus.
nam bene qui didicere deos securum agere aevom,

si tamen interea mirantur qua ratione
quaeque geri possint, praesertim rebus in illis
quae supera caput aetheriis cernuntur in oris,   85
rursus in antiquas referuntur religiones,
et dominos acris adsciscunt, omnia posse
quos miseri credunt, ignari quid queat esse,
quid nequeat, finita potestas denique cuique
quanam sit ratione atque alte terminus haerens.   90
    Quod superest, ne te in promissis plura moremur,
principio maria ac terras caelumque tuere ;
quorum naturam triplicem, tria corpora, Memmi,
tris species tam dissimilis, tria talia texta,
una dies dabit exitio, multosque per annos   95
sustentata ruet moles et machina mundi.
nec me animi fallit quam res nova miraque menti
accidat exitium caeli terraeque futurum,
et quam difficile id mihi sit pervincere dictis ;
ut fit ubi insolitam rem adportes auribus ante,   100
nec tamen hanc possis oculorum subdere visu
nec iacere indu manus, via qua munita fidei
proxima fert humanum in pectus templaque mentis.
sed tamen effabor.   dictis dabit ipsa fidem res,
forsitan, et graviter terrarum motibus ortis   105
omnia conquassari in parvo tempore cernes.
quod procul a nobis flectat fortuna gubernans,
et ratio potius quam res persuadeat ipsa
succidere horrisono posse omnia victa fragore.
    Qua prius adgrediar quam de re fundere fata   110
sanctius et multo certa ratione magis quam
Pythia quae tripode a Phoebi lauroque profatur,

multa tibi expediam doctis solacia dictis;
religione refrenatus ne forte rearis
terras et solem et caelum, mare sidera lunam,   115
corpore divino debere aeterna manere,
proptereaque putes ritu par esse Gigantum
pendere eos poenas inmani pro scelere omnis,
qui ratione sua disturbent moenia mundi
praeclarumque velint caeli restinguere solem,   120
inmortalia mortali sermone notantes;
quae procul usque adeo divino a numine distent,
inque deum numero quae sint indigna videri,
notitiam potius praebere ut posse putentur
quid sit vitali motu sensuque remotum.   125

. . . .

Quod *si* iam rerum ignorem primordia quae sint,   195
hoc tamen ex ipsis caeli rationibus ausim
confirmare aliisque ex rebus reddere multis,
nequaquam nobis divinitus esse paratam
naturam rerum : tanta stat praedita culpa.
principio quantum caeli tegit impetus ingens,   200
inde avidei partem montes silvaeque ferarum
possedere, tenent rupes vastaeque paludes
et mare, quod late terrarum distinet oras.
inde duas porro prope partis fervidus ardor
adsiduusque geli casus mortalibus aufert.   205
quod superest arvi, tamen id natura sua vi
sentibus obducat, ni vis humana resistat
vitai causa valido consueta bidenti
ingemere et terram pressis proscindere aratris.
si non fecundas vertentes vomere glebas   210

terraique solum subigentes cimus ad ortus,
sponte sua nequeant liquidas existere in auras,
et tamen interdum magno quaesita labore
cum iam per terras frondent atque omnia florent,
aut nimiis torret fervoribus aetherius sol   215
aut subiti peremunt imbris gelidaeque pruinae,
flabraque ventorum violento turbine vexant.
praeterea genus horriferum natura ferarum
humanae genti infestum terraque marique
cur alit atque auget? cur anni tempora morbos   220
adportant? quare mors inmatura vagatur?
tum porro puer, ut saevis proiectus ab undis
navita, nudus humi iacet, infans, indigus omni
vitali auxilio, cum primum in luminis oras
nixibus ex alvo matris natura profudit,   225
vagituque locum lugubri complet, ut aequumst
cui·tantum in vita restet transire malorum.
at variae crescunt pecudes armenta feraeque,
nec crepitacillis opus est, nec cuiquam adhibendast
almae nutricis blanda atque infracta loquella,   230
nec varias quaerunt vestes pro tempore caeli,
denique non armis opus est, non moenibus altis,
qui sua tutentur, quando omnibus omnia large
tellus ipsa parit naturaque daedala rerum.   234

. . . .

    Nunc redeo ad mundi novitatem et mollia terrae   780
arva, novo fetu quid primum in luminis oras
tollere et incertis crerint committere ventis.
    Principio genus herbarum viridemque nitorem
terra dedit circum collis camposque per omnis,

florida fulserunt viridanti prata colore, 785
arboribusque datumst variis exinde per auras
crescendi magnum inmissis certamen habenis.
ut pluma atque pili primum saetaeque creantur
quadripedum membris et corpore pennipotentum,
sic nova tum tellus herbas virgultaque primum 790
sustulit, inde loci mortalia saecla creavit
multa modis multis varia ratione coorta.
nam neque de caelo cecidisse animalia possunt,
nec terrestria de salsis exisse lacunis :
linquitur ut merito maternum nomen adepta 795
terra sit, e terra quoniam sunt cuncta creata.
multaque nunc etiam existunt animalia terris,
imbribus et calido solis concreta vapore ;
quo minus est mirum, si tum sunt plura coorta
et maiora, nova tellure atque aethere adulta. 800
principio genus alituum variaeque volucres
ova relinquebant exclusae tempore verno,
folliculos ut nunc teretis aestate cicadae
lincunt sponte sua victum vitamque petentes.
tum tibi terra dedit passim mortalia saecla. 805
multus enim calor atque umor superabat in arvis.
hoc ubi quaeque loci regio opportuna dabatur,
crescebant uteri terram radicibus apti ;
quos ubi tempore maturo patefecerat aestus
infantum, fugiens umorem aurasque petessens, 810
convertebat ibi natura foramina terrae
et sucum venis cogebat fundere apertis
consimilem lactis, sicut nunc femina quaeque
cum peperit, dulci repletur lacte, quod omnis

impetus in mammas convertitur ille alimenti.   815
terra cibum pueris, vestem vapor, herba cubile
praebebat multa et molli lanugine abundans.
at novitas mundi nec frigora dura ciebat
nec nimios aestus nec magnis viribus auras.
omnia enim pariter crescunt et robora sumunt.   820
　　Quare etiam atque etiam maternum nomen adepta
terra tenet merito, quoniam genus ipsa creavit
humanum atque animal prope certo tempore fudit
omne, quod in magnis bacchatur montibu' passim,
aëriasque simul volucres variantibu' formis.   825
sed quia finem aliquam pariendi debet habere,
destitit, ut mulier spatio defessa vetusto.
mutat enim mundi naturam totius aetas,
ex alioque alius status excipere omnia debet,
nec manet ulla sui similis res : omnia migrant,   830
omnia commutat natura et vertere cogit.
namque aliut putrescit et aevo debile languet,
porro aliut clarescit et *e* contemptibus exit,
sic igitur mundi naturam totius aetas
mutat, et ex alio terram status excipit alter,   835
quod potuit nequeat, possit quod non tulit ante.

. . . .

　　At genus humanum multo fuit illud in arvis   925
durius, ut decuit, tellus quod dura creasset,
et maioribus et solidis magis ossibus intus
fundatum, validis aptum per viscera nervis,
nec facile ex aestu nec frigore quod caperetur,
nec novitate cibi nec labi corporis ulla.   930
multaque per caelum solis volventia lustra

volgivago vitam tractabant more ferarum.
nec robustus erat curvi moderator aratri
quisquam, nec scibat ferro molirier arva
nec nova defodere in terram virgulta neque altis   935
arboribus veteres decidere falcibu' ramos.
quod sol atque imbres dederant, quod terra crearat
sponte sua, satis id placabat pectora donum.
glandiferas inter curabant corpora quercus
plerumque: et quae nunc hiberno tempore cernis   940
arbita puniceo fieri matura colore,
plurima tum tellus etiam maiora ferebat.
multaque praeterea novitas tum florida mundi
pabula dura tulit, miseris mortalibus ampla.
at sedare sitim fluvii fontesque vocabant,   945
ut nunc montibus e magnis decursus aquai
claru' citat late sitientia saecla ferarum.
denique nota vagi silvestria templa tenebant
nympharum, quibus e scibant umori' fluenta
lubrica proluvie larga lavere umida saxa,   950
umida saxa, super viridi stillantia musco,
et partim plano scatere atque erumpere campo.
necdum res igni scibant tractare neque uti
pellibus et spoliis corpus vestire ferarum,
sed nemora atque cavos montis silvasque colebant.   955
et frutices inter condebant squalida membra,
verbera ventorum vitare imbrisque coacti.
nec commune bonum poterant spectare, neque ullis
moribus inter se scibant nec legibus uti.
quod cuique obtulerat praedae fortuna, ferebat   960
sponte sua sibi quisque valere et vivere doctus.

et Venus in silvis iungebat corpora amantum :
conciliabat enim vel mutua quamque cupido
vel violenta viri vis atque inpensa libido
vel pretium, glandes atque arbita vel pira lecta.   965
et manuum mira freti virtute pedumque
consectabantur silvestria saecla ferarum,
multaque vincebant, vitabant pauca latebris,
saetigerisque pares subus, silvestria membra
missilibus saxis et magno pondere clavae.   970
nuda dabant terrae, nocturno tempore capti,
circum se foliis ac frondibus involventes.
nec plangore diem magno solemque per agros
quaerebant pavidi palantes noctis in umbris,
sed taciti respectabant somnoque sepulti,   975
dum rosea face sol inferret lumina caelo :
a parvis quod enim consuerant cernere semper
alterno tenebras et lucem tempore gigni,
non erat ut fieri posset mirarier umquam
nec diffidere, ne terras aeterna teneret   980
nox in perpetuum detracto lumine solis.
sed magis illud erat curae, quod saecla ferarum
infestam miseris faciebant saepe quietem :
eiectique domo fugiebant saxea tecta
spumigeri suis adventu validive leonis,   985
atque intempesta cedebant nocte paventes
hospitibus saevis instrata cubilia fronde.
    Nec nimio tum plus quam nunc mortalia saecla
dulcia linquebant labentis lumina vitae.
unus enim tum quisque magis deprensus eorum   990
pabula viva feris praebebat, dentibus haustus,

et nemora ac montis gemitu silvasque replebat,
viva videns vivo sepeliri viscera busto.
at quos effugium servarat corpore adeso,
posterius tremulas super ulcera tetra tenentes 995
palmas horriferis accibant vocibus Orcum,
donique eos vita privarant vermina saeva,
expertis opis, ignaros quid volnera vellent.
at non multa virum sub signis milia ducta
una dies dabat exitio, nec turbida ponti 1000
aequora fligebant navis ad saxa virosque.
hic temere in cassum frustra mare saepe coortum
saevibat leviterque minas ponebat inanis,
nec poterat quemquam placidi pellacia ponti
subdola pellicere in fraudem ridentibus undis. 1005
[improba navigii ratio tum caeca iacebat]
tum penuria deinde cibi languentia leto
membra dabat, contra nunc rerum copia mersat.
illi inprudentes ipsi sibi saepe venenum
vergebant, nunc dant *aliis* sollertius ipsum. 1010
Inde casas postquam ac pellis ignemque pararunt,
et mulier coniuncta viro concessit in unum
coniugium, prolemque ex se videre creatam,
tum genus humanum primum mollescere coepit.
ignis enim curavit ut alsia corpora frigus 1015
non ita iam possent caeli sub tegmine ferre,
et Venus inminuit viris, puerique parentum
blanditiis facile ingenium fregere superbum.
tunc et amicitiem coeperunt iungere aventes
finitimi inter se nec laedere nec violari, 1020
et pueros commendarunt muliebreque saeclum,

vocibus et gestu cum balbe significarent
imbecillorum esse aequum misererier omnis.
nec tamen omnimodis poterat concordia gigni,
sed bona magnaque pars servabat foedera caste :　　1025
aut genus humanum iam tum foret omne peremptum,
nec potuisset adhuc perducere saecla propago.
　At varios linguae sonitus natura subegit
mittere, et utilitas expressit nomina rerum,
non aliā longe ratione atque ipsa videtur　　1030
protrahere ad gestum pueros infantia linguae,
cum facit ut digito quae sint praesentia monstrent.
sentit enim vim quisque suam quoad possit abuti.
cornua nata prius vitulo quam frontibus extent,
illis iratus petit atque infestus inurget.　　1035
at catuli pantherarum scymnique leonum
unguibus ac pedibus iam tum morsuque repugnant,
vix etiam cum sunt dentes unguesque creati.
alituum porro genus alis omne videmus
fidere et a pinnis tremulum petere auxiliatum.　　1040
proinde putare aliquem tum nomina distribuisse
rebus, et inde homines didicisse vocabula prima,
desiperest.　nam cur hic posset cuncta notare
vocibus et varios sonitus emittere linguae,
tempore eodem alii facere id non quisse putentur ?　　1045
praeterea si non alii quoque vocibus usi
inter se fuerant, unde insita notities est
utilitatis et unde data est huic prima potestas,
quid vellet, facere ut scirent animoque viderent ?
cogere item pluris unus victosque domare　　1050
non poterat, rerum ut perdiscere nomina vellent.

nec ratione docere ulla suadereque surdis,
quid sit opus facto, facilest : neque enim paterentur,
nec ratione ulla sibi ferrent amplius auris
vocis inauditos sonitus obtundere frustra.   1055
postremo quid in hac mirabile tantoperest re,
si genus humanum, cui vox et lingua vigeret,
pro vario sensu varia res voce notaret ?
cum pecudes mutae, cum denique saecla ferarum
dissimilis soleant voces variasque ciere,   1060
cum metus aut dolor est et cum iam gaudia gliscunt.
quippe etenim licet id rebus cognoscere apertis.
inritata canum cum primum inmane Molossum
mollia ricta fremunt duros nudantia dentes,
longe alio sonitu rabie restricta minantur,   1065
et cum iam latrant et vocibus omnia complent :
et catulos blande cum lingua lambere temptant,
aut ubi eos iactant pedibus morsuque petentes
suspensis teneros minitantur dentibus haustus,
longe alio pacto gannitu vocis adulant.   1070
et cum deserti baubantur in aedibus, aut cum
plorantis fugiunt summisso corpore plagas.
denique non hinnitus item differre videtur,
inter equas ubi equus florenti aetate iuvencus
pinnigeri saevit calcaribus ictus amoris,   1075
et fremitum patulis ubi naribus edit ad arma,
et cum sic alias concussis artibus hinnit ?
postremo genus alituum variaeque volucres,
accipitres atque ossifragae mergique marinis
fluctibus in salso victum vitamque petentes,   1080
longe alias alio iaciunt in tempore voces,

5

et quom de victu certant praedaeque repugnant:
et partim mutant cum tempestatibus una
raucisonos cantus, cornicum ut saecla vetusta
corvorumque greges ubi aquam dicuntur et imbris   1085
poscere et interdum ventos aurasque vocare.
ergo si varii sensus animalia cogunt,
muta tamen cum sint, varias emittere voces,
quanto mortalis magis aequuumst tum potuisse
dissimilis alia atque alia res voce notare!   1090
    Illud in his rebus tacitus ne forte requiras,
fulmen detulit in terram mortalibus ignem
primitus, inde omnis flammarum diditur ardor :
multa videmus enim caelestibus inlita flammis
fulgere, cum caeli donavit plaga vapore.   1095
et ramosa tamen cum ventis pulsa vacillans
aestuat in ramos incumbens arboris arbor,
exprimitur validis extritus viribus ignis
et micat interdum flammai fervidus ardor,
mutua dum inter se rami stirpesque teruntur.   1100
quorum utrumque dedisse potest mortalibus ignem.
inde cibum coquere ac flammae mollire vapore
sol docuit, quoniam mitescere multa videbant
verberibus radiorum atque aestu victa per agros.
    Inque dies magis hi victum vitamque priorem   1105
commutare novis monstrabant rebu' benigni,
ingenio qui praestabant et corde vigebant.
condere coeperunt urbis arcemque locare
praesidium reges ipsi sibi perfugiumque,
et pecus atque agros divisere atque dedere   1110
pro facie cuiusque et viribus ingenioque :

nam facies multum valuit viresque vigorque.
posterius res inventast aurumque repertum,
quod facile et validis et pulchris dempsit honorem :
divitioris enim sectam plerumque secuntur   1115
quamlubet et fortes et pulchro corpore creti.
quod siquis vera vitam ratione gubernet,
divitiae grandes homini sunt vivere parce
aequo animo : neque enim est umquam penuria parvi.
at claros homines voluerunt se atque potentes,   1120
ut fundamento stabili fortuna maneret
et placidam possent opulenti degere vitam,
nequiquam, quoniam ad summum succedere honorem
certantes iter infestum fecere viai,
et tamen e summo, quasi fulmen, deicit ictos   1125
invidia interdum contemptim in Tartara taetra ;
ut satius multo iam sit parere quietum
quam regere imperio res velle et regna tenere.
proinde sine in cassum defessi sanguine sudent,
angustum per iter luctantes ambitionis ;   1130
quandoquidem sapiunt alieno ex ore petuntque
res ex auditis potius quam sensibus ipsis,
nec magis id nunc est neque erit mox quam fuit ante,
invidia quoniam, ceu fulmine, summa vaporant
plerumque et quae sunt aliis magis edita cumque.   1135
  Ergo regibus occisis subversa iacebat
pristina maiestas soliorum et sceptra superba,
et capitis summi praeclarum insigne cruentum
sub pedibus vulgi magnum lugebat honorem :
nam cupide conculcatur nimis ante metutum.   1140
res itaque ad summam faecem turbasque redibat,

imperium sibi cum ac summatum quisque petebat.
inde magistratum partim docuere creare,
iuraque constituere, ut vellent legibus uti.
nam genus humanum, defessum vi colere aevom,   1145
ex inimicitiis languebat ; quo magis ipsum
sponte sua cecidit sub leges artaque iura.
acrius ex ira quod enim se quisque parabat
ulcisci quam nunc concessumst legibus aequis,
hanc ob rem est homines pertaesum vi colere aevom.   1150
inde metus maculat poenarum praemia vitae.
circumretit enim vis atque iniuria quemque,
atque unde exortast, ad eum plerumque revertit,
nec facilest placidam ac pacatam degere vitam
qui violat factis communia foedera pacis,   1155
etsi fallit enim divom genus humanumque,
perpetuo tamen id fore clam diffidere debet ;
quippe ubi se multi per somnia saepe loquentes
aut morbo delirantes protraxe ferantur
et celata *mala* in medium et peccata dedisse.   1160

. . . .

Praeterea caeli rationes ordine certo   1183
et varia annorum cernebant tempora verti,
nec poterant quibus id fieret cognoscere causis.
ergo perfugium sibi habebant omnia divis
tradere et illorum nutu facere omnia flecti.
in caeloque deum sedes et templa locarunt,
per caelum volvi quia lux et luna videtur,
luna, dies, et nox, et noctis signa severa,   1190
noctivagaeque faces caeli, flammaeque volantes,
nubila, sol, imbres, nix, venti, fulmina, grando,

et rapidi fremitus, et murmura magna minarum.

O genus infelix humanum, talia divis
cum tribuit facta atque iras adiunxit acerbas !   1195
quantos tum gemitus ipsi sibi, quantaque nobis
volnera, quas lacrimas peperere minoribu' nostris !
nec pietas ullast velatum saepe videri
vertier ad lapidem atque omnis accedere ad aras,
nec procumbere humi prostratum et pandere palmas   1200
ante deum delubra, nec aras sanguine multo
spargere quadrupedum, nec votis nectere vota,
sed mage pacata posse omnia mente tueri.
nam cum suspicimus magni caelestia mundi
templa, super stellisque micantibus aethera fixum, 1205
et venit in mentem solis lunaeque viarum,
tunc aliis oppressa malis in pectora cura
illa quoque expergefactum caput erigere infit.
ne quae forte deum nobis inmensa potestas
sit, vario motu quae candida sidera verset :   1210
temptat enim dubiam mentem rationis egestas,
ecquaenam fuerit mundi genitalis origo,
et simul ecquae sit finis, quoad moenia mundi
solliciti motus hunc possint ferre laborem,
an divinitus aeterna donata salute   1215
perpetuo possint aevi labentia tractu
inmensi validas aevi contemnere viris.
praeterea cui non animus formidine divum
contrahitur, cui non correpunt membra pavore,
fulminis horribili cum plaga torrida tellus   1220
contremit et magnum percurrunt murmura caelum ?
non populi gentesque tremunt, regesque superbi

corripiunt divum percussi membra timore,
nequid ob admissum foede dictumve superbe
poenarum grave sit solvendi tempus adultum ?   1225
summa etiam cum vis violenti per mare venti
induperatorem classis super aequora verrit
cum validis pariter legionibus atque elephantis,
non divom pacem votis adit ac prece quaesit
ventorum pavidus paces animasque secundas,   1230
nequiquam, quoniam violento turbine saepe
correptus nilo fertur minus ad vada leti ?
usque adeo res humanas vis abdita quaedam
opterit, et pulchros fascis saevasque secures
proculcare ac ludibrio sibi habere videtur.   1235
denique sub pedibus tellus cum tota vacillat
concussaeque cadunt urbes dubiaeque minantur,
quid mirum, si se temnunt mortalia saecla
atque potestatis magnas mirasque relinquunt
in rebus viris divum, quae cuncta gubernent ?   1240
    Quod superest, aes atque aurum ferrumque repertumst
et simul argenti pondus plumbique potestas,
ignis ubi ingentis silvas ardore cremarat
montibus in magnis, seu caelo fulmine misso,
sive quod inter se bellum silvestre gerentes   1245
hostibus intulerant ignem formidinis ergo,
sive quod inducti terrae bonitate volebant
pandere agros pinguis et pascua reddere rura,
sive feras interficere et ditescere praeda :
nam fovea atque igni prius est venarier ortum   1250
quam saepire plagis saltum canibusque ciere.
quidquid id est, quacumque e causa flammeus ardor

horribili sonitu silvas exederat altis
ab radicibus et terram percoxerat igni,
manabat venis ferventibus in loca terrae   1255
concava conveniens argenti rivus et auri,
aeris item et plumbi. quae cum concreta videbant
posterius claro in terra splendere colore,
tollebant nitido capti levique lepore,
et simili formata videbant esse figura   1260
atque lacunarum fuerant vestigia cuique.
tum penetrabat eos posse haec liquefacta calore
quamlibet in formam et faciem decurrere rerum,
et prorsum quamvis in acuta ac tenvia posse
mucronum duci fastigia procudendo,   1265
ut sibi tela darent, silvasque ut caedere possent
materiemque domo, levare ac radere tigna
et terebrare etiam ac pertundere perque forare.
nec minus argento facere haec auroque parabant
quam validi primum violentis viribus aeris,   1270
nequiquam, quoniam cedebat victa potestas
nec poterat pariter durum sufferre laborem.
tum fuit in pretio magis *aes*, aurumque iacebat
propter inutilitatem hebeti mucrone retusum :
nunc iacet aes, aurum in summum successit honorem. 1275
sic volvenda aetas commutat tempora rerum.
quod fuit in pretio, fit nullo denique honore :
porro aliut succedit et *e* contemptibus exit,
inque dies magis adpetitur floretque repertum
laudibus et miro est mortalis inter honore.   1280
    Nunc tibi quo pacto ferri natura reperta
sit facilest ipsi per te cognoscere, Memmi.

arma antiqua manus ungues dentesque fuerunt,
et lapides et item silvarum fragmina rami,
et flamma atque ignes, postquam sunt cognita primum. 1285
posterius ferri vis est aerisque reperta.
et prior aeris erat quam ferri cognitus usus,
quo facilis magis est natura et copia maior.
aere solum terrae tractabant, aereque belli
miscebant fluctus et vulnera vasta serebant   1290
et pecus atque agros adimebant : nam facile ollis
omnia cedebant armatis nuda et inerma.
inde minutatim processit ferreus ensis,
versaque in obprobrium species est falcis ahenae,
et ferro coepere solum proscindere terrae   1295
exaequataque sunt creperi certamina belli.
et prius est armatum in equi conscendere costas
et moderarier hunc frenis dextraque vigere.
quam biiugo curru belli temptare pericla.
et biiugos prius est quam bis coniungere binos   1300
et quam falciferos armatum escendere currus.
inde boves lucas turrito corpore, tetras,
anguimanus, belli docuerunt volnera Poeni
sufferre et magnas Martis turbare catervas.
sic alid ex alio peperit discordia tristis,   1305
horribile humanis quod gentibus esset in armis,
inque dies belli terroribus addidit augmen.

. . . .

Nexilis ante fuit vestis quam textile tegmen.   1350
textile post ferrumst, quia ferro tela paratur,
nec ratione alia possunt tam levia gigni
insilia ac fusi, radii, scapique sonantes.

et facere ante viros lanam natura coëgit
quam muliebre genus : nam longe praestat in arte   1355
et sollertius est multo genus omne virile ;
agricolae donec vitio vertere severi,
ut muliebribus id manibus concedere vellent
atque ipsi pariter durum sufferre laborem,
atque opere in duro durarent membra manusque.   1360
    At specimen sationis et insitionis origo
ipsa fuit rerum primum natura creatrix,
arboribus quoniam bacae glandesque caducae
tempestiva dabant pullorum examina supter ;
unde etiam libitumst stirpis committere ramis   . 1365
et nova defodere in terram virgulta per agros.
inde aliam atque aliam culturam dulcis agelli
temptabant, fructusque feros mansuescere terram
cernebant indulgendo blandeque colendo.
inque dies magis in montem succedere silvas   1370
cogebant infraque locum concedere cultis,
prata lacus rivos segetes vinetaque laeta
collibus et campis ut haberent, atque olearum
caerula distinguens inter plaga currere posset
per tumulos et convallis camposque profusa :   1375
ut nunc esse vides vario distincta lepore
omnia, quae pomis intersita dulcibus ornant
arbustisque tenent felicibus opsita circum.
    At liquidas avium voces imitarier ore
ante fuit multo quam levia carmina cantu   1380
concelebrare homines possent aurisque iuvare.
et zephyri, cava per calamorum, sibila primum
agrestis docuere cavas inflare cicutas.

inde minutatim dulcis didicere querellas,
tibia quas fundit digitis pulsata canentum,   1385
avia per nemora ac silvas saltusque reperta,
per loca pastorum deserta atque otia dia.
[sic unum quicquid paulatim protrahit aetas
in medium ratioque in luminis erigit oras]
haec animos ollis mulcebant atque iuvabant   1390
cum satiate cibi : nam tum sunt carmina cordi.
saepe itaque inter se prostrati in gramine molli
propter aquae rivom sub ramis arboris altae
non magnis opibus iucunde corpora habebant,
praesertim cum tempestas ridebat et anni   1395
tempora pingebant viridantis floribus herbas.
tum ioca, tum sermo, tum dulces esse cachinni
consuerant.   agrestis enim tum musa vigebat :
tum caput atque umeros plexis redimire coronis
floribus et foliis lascivia laeta monebat,   1400
atque extra numerum procedere membra moventes
duriter et duro terram pede pellere matrem ;
unde oriebantur risus dulcesque cachinni,
omnia quod nova tum magis haec et mira vigebant.
et vigilantibus hinc aderant solacia somni,   1405
ducere multimodis voces et flectere cantus
et supera calamos unco percurrere labro ;
unde etiam vigiles nunc haec accepta tuentur,
et numerum servare sonis didicere, neque hilo
maiorem interea capiunt dulcedini' fructum   1410
quam silvestre genus capiebat terrigenarum.
nam quod adest praesto, nisi quid cognovimus ante
suavius, in primis placet et pollere videtur,

posteriorque fere melior res illa reperta
perdit et immutat sensus ad pristina quaeque.   1415
sic odium coepit glandis, sic illa relicta
strata cubilia sunt herbis et frondibus aucta.
pellis item cecidit vestis contempta ferinae ;
quam reor invidia tali tunc esse repertam,
ut letum insidiis qui gessit primus obiret,   1420
et tamen inter eos distractam sanguine multo
disperiisse neque in fructum convertere quisse.
tunc igitur pelles, nunc aurum et purpura curis
exercent hominum vitam belloque fatigant ;
quo magis in nobis, ut opinor, culpa resedit.   1425
frigus enim nudos sine pellibus excruciabat
terrigenas : at nos nil laedit veste carere
purpurea atque auro signisque ingentibus apta,
dum plebeia tamen sit, quae defendere possit.
ergo hominum genus in cassum frustraque laborat   1430
semper et *in* curis consumit inanibus aevom,
nimirum, quia non cognovit quae sit habendi
finis et omnino quoad crescat vera voluptas :
idque minutatim vitam provexit in altum
et belli magnos commovit funditus aestus.   1435
   At vigiles mundi magnum versatili' templum
sol et luna suo lustrantes lumine circum
perdocuere homines annorum tempora verti
et certa ratione geri rem atque ordine certo.
   Iam validis saepti degebant turribus aevom,   1440
et divisa colebatur discretaque tellus,
iam mare velivolis florebat puppibus, et res
auxilia ac socios iam pacto foedere habebant,

E

carminibus cum res gestas coepere poëtae
tradere : nec multo priu' sunt elementa reperta.   1445
propterea quid sit prius actum respicere aetas
nostro nequit, nisi qua ratio vestigia monstrat.
Navigia atque agri culturas, moenia, leges,   '
arma, vias, vestes, *et* cetera de genere horum,
praemia, delicias quoque vitae funditus omnis,   1450
carmina, picturas, et daedala signa polire,
usus et impigrae simul experientia mentis
paulatim docuit pedetemtim progredientis.
sic unum quicquid paulatim protrahit aetas
in medium ratioque in luminis erigit oras :   1455
namque alid ex alio clarescere conveniebat,
artibus ad summum donec venere cacumen.

Primae frugiparos fetus mortalibus aegris
dididerunt quondam praeclaro nomine Athenae,
et recreaverunt vitam legesque rogarunt,
et primae dederunt solacia dulcia vitae,
cum genuere virum tali cum corde repertum,   5
omnia veridico qui quondam ex ore profudit;
cuius, et extincti, propter divina reperta
divolgata vetus iam ad caelum gloria fertur.
nam cum vidit hic ad victum quae flagitat usus
omnia iam ferme mortalibus esse parata,   10
et, proquam posset, vitam consistere tutam,
divitiis homines et honore et laude potentis
affluere atque bona gnatorum excellere fama,
nec minus esse domi cuiquam tamen anxia corda,
atque animi ingratis vitam vexare *timore*   15
faustam atque infestis cogi saevire querellis,
intellegit ibi vitium vas efficere ipsum,
omniaque illius vitio corrumpier intus,
quae conlata foris, et commoda, cumque venirent:
partim quod fluxum pertusumque esse videbat,   20
ut nulla posset ratione explerier umquam;
partim quod taetro quasi conspurcare sapore
omnia cernebat, quaecumque receperat, intus.

veridicis igitur purgavit pectora dictis,
et finem statuit cuppedinis atque timoris,   25
exposuitque bonum summum, quo tendimus omnes,
quid foret, atque viam monstravit, tramite parvo
qua possemus ad id recto contendere cursu,
quidve mali foret in rebus mortalibu' passim,
quod fieret naturali varieque volaret   30
seu causa seu vi, quod sic natura parasset,
et quibus e portis occurri cuique deceret,
et genus humanum frustra plerumque probavit
volvere curarum tristis in pectore fluctus.
nam veluti pueri trepidant atque omnia caecis   35
in tenebris metuunt, sic nos in luce timemus
interdum, nilo quae sunt metuenda magis quam
quae pueri in tenebris pavitant finguntque futura.
hunc igitur terrorem animi tenebrasque necessest
non radii solis nec lucida tela diei   40
discutiant, sed naturae species ratioque.
quo magis inceptum pergam pertexere dictis.

. . . .

Nunc age, quae ratio terrai motibus extet   535
percipe.   et in primis terram fac ut esse rearis
supter item ut supera ventosis undique plenam
speluncis, multosque lacus multasque lucunas
in gremio gerere et rupes deruptaque saxa :
multaque sub tergo terrai flumina tecta   540
volvere vi fluctus summersaque saxa putandumst :
undique enim similem esse sui res postulat ipsa.
his igitur rebus subiunctis suppositisque
terra superne tremit magnis concussa ruinis,

subter ubi ingentis speluncas subruit aetas : 545
quippe cadunt toti montes, magnoque repente
concussu late disserpunt inde tremores.
et merito, quoniam plaustri concussa tremescunt
tecta, viam propter, non magno pondere tota,
nec minus exultant, et ubi lapi' cumque viai 550
ferratos utrimque rotarum succutit orbes.
fit quoque, ubi in magnas aqüae vastasque lucunas
gleba vetustate e terra provolvitur ingens,
ut iactetur aquae fluctu quoque terra vacillans ;
ut vas inter*dum* non quit constare, nisi umor 555
destitit in dubio fluctu iactarier intus.
    Praeterea ventus cum per loca subcava terrae
collectus parte ex una procumbit et urget
obnixus magnis speluncas viribus altas,
incumbit tellus quo venti prona premit vis : 560
tum supera terram quae sunt extructa domorum,
ad caelumque magis quanto sunt edita quaeque,
inclinata abeunt in eandem prodita partem,
protractaeque trabes inpendent ire paratae.
et metuunt magni naturam credere mundi 565
exitiale aliquod tempus clademque manere,
cum videant tantam terrarum incumbere molem !
quod nisi respirent venti, vis nulla refrenet
res neque ab exitio possit reprehendere euntis :
nunc quia respirant alternis inque gravescunt 570
et quasi collecti redeunt ceduntque repulsi,
saepius hanc ob rem minitatur terra ruinas
quam facit : inclinatur enim retroque recellit,
et recipit prolapsa suas in pondera sedes.

hac igitur ratione vacillant omnia tecta   575
summa magis mediis, media imis, ima perhilum.
   Est haec eiusdem quoque magni causa tremoris,
ventus ubi atque animae subito vis maxima quaedam
aut extrinsecus aut ipsa tellure coorta
in loca se cava terrai coniecit, ibique   580
speluncas inter magnas fremit ante tumultu
versabundaque portatur, post incita cum vis
exagitata foras erumpitur et simul altam
diffindens terram magnum concinnat hiatum.
in Syria Sidone quod accidit et fuit Aegi   585
in Peloponneso, quas exitus hic animai
disturbat urbes et terrae motus obortus :
multaque praeterea ceciderunt moenia magnis
motibus in terris, et multae per mare pessum
subsedere suis pariter cum civibus urbes.   590
   quod nisi prorumpit, tamen impetus ipse animai
et fera vis venti per crebra foramina terrae
dispertitur ut horror et incutit inde tremorem ;
frigus uti nostros penitus cum venit in artus,
concutit invitos cogens tremere atque movere.   595
ancipiti trepidant igitur terrore per urbis,
tecta superne timent, metuunt inferne cavernas
terrai ne dissoluat natura repente,
neu distracta suum late dispandat hiatum
atque suis confusa velit complere ruinis.   600
proinde licet quamvis caelum terramque reantur
incorrupta fore aeternae mandata saluti :
et tamen interdum praesens vis ipsa pericli
subdit adhuc stimulum quadam de parte timoris,

ne pedibus raptim tellus subtracta feratur 605
in barathrum, rerumque sequatur prodita summa
funditus, et fiat mundi confusa ruina.

. . . .

   Nunc ratio quae sit, per fauces montis ut Aetnae 639
expirent ignes interdum turbine tanto,
expediam : neque enim mediocri clade coorta
flammea tempestas Siculum dominata per agros
finitimis ad se convertit gentibus ora,
fumida cum caeli scintillare omnia templa
cernentes pavida complebant pectora cura, 645
quid moliretur rerum natura novarum.
   Hisce tibi in rebus latest alteque videndum
et longe cunctas in partis dispiciendum,
ut reminiscaris summam rerum esse profundam,
et videas caelum summai totius unum 650
quam sit parvula pars et quam multesima constet,
nec tota pars, homo terrai quota totius unus.
quod bene propositum si plane contueare
ac videas plane, mirari multa relinquas.
numquis enim nostrum miratur, siquis in artus 655
accepit calido febrim fervore coortam
aut alium quemvis morbi per membra dolorem ?
opturgescit enim subito pes, arripit acer
saepe dolor dentes, oculos invadit in ipsos,
existit sacer ignis et urit corpore serpens 660
quamcumque arripuit partim, repitque per artus,
nimirum, quia sunt multarum semina rerum,
et satis haec tellus nobis caelumque mali fert,
unde queat vis immensi procrescere morbi.

sic igitur toti caelo terraeque putandumst   665
ex infinito satis omnia suppeditare,
unde repente queat tellus, concussa moveri
perque mare ac terras rapidus percurrere turbo,
ignis abundare Aetnaeus, flammescere caelum :
id quoque enim fit, et ardescunt caelestia templa,   670
et tempestates pluviae graviore coortu
sunt, ubi forte ita se tetulerunt semina aquarum.
' at nimis est ingens incendi turbidus ardor.'
scilicet, et fluvius quivis est maximus ei
qui non ante aliquem maiorem vidit, et ingens   675
arbor homoque videtur, et omnia de genere omni
maxima quae vidit quisque, haec ingentia fingit,
cum tamen omnia cum caelo terraque marique
nil sint ad summam summai totius omnem.

Nunc tamen illa modis quibus inritata repente   680
flamma foras vastis Aetnae fornacibus efflet,
expediam.   primum totius subcava montis
est natura, fere silicum suffulta cavernis.
omnibus est porro in speluncis ventus et aër.
ventus enim fit, ubi est agitando percitus aër :   685
hic ubi percaluit calefecitque omnia circum
saxa furens, qua contingit, terramque, et ab ollis
excussit calidum flammis velocibus ignem,
tollit se ac rectis ita faucibus eicit alte.
fert itaque ardorem longe, longeque favillam   690
differt, et crassa volvit caligine fumum,
extruditque simul mirando pondere saxa ;
ne dubites quin haec animai turbida sit vis.
praeterea magna ex parti mare montis ad eius

radices frangit fluctus aestumque resorbet.   695
ex hoc usque mari speluncae montis ad altas
perveniunt subter fauces.   hac ire fatendumst
et penetrare maris penitus res cogit aperto
atque efflare foras, ideoque extollere flammam
saxaque subiectare et arenae tollere nimbos.   700
in summo sunt vertice enim crateres, ut ipsi
nominitant; nos quod fauces perhibemus et ora.

. . . .

Haec ratio quondam morborum et mortifer aestus   1138
finibus in Cecropis funestos reddidit agros
vastavitque vias, exhausit civibus urbem.   1140
nam penitus veniens Aegypti finibu' morbus,
aera permensus multum camposque natantis,
incubuit tandem populo Pandionis omni.
inde catervatim morbo mortique dabantur.
principio caput incensum fervore gerebant   1145
et duplicis oculos suffusa luce rubentes.
sudabant etiam fauces intrinsecus atrae
sanguine, et ulceribus vocis via saepta coibat,
atque animi interpres manabat lingua cruore,
debilitata malis, motu gravis, aspera tactu.   1150
inde ubi per fauces pectus complerat et ipsum
morbida vis in cor maestum confluxerat aegris,
omnia tum vero vitai claustra lababant.
spiritus ore foras taetrum volvebat odorem,
rancida quo perolent proiecta cadavera ritu.   1155
atque animi prorsum *tum* vires totius, omne
languebat corpus, leti iam limine in ipso.
intolerabilibusque malis erat anxius angor

adsidue comes et gemitu commixta querella.
singultusque frequens noctem per saepe diemque   1160
corripere adsidue nervos et membra coactans
dissolvebat eos, defessos ante, fatigans.
nec nimio cuiquam posses ardore tueri
corporis in summo summam fervescere partem,
sed potius tepidum manibus proponere tactum   1165
et simul ulceribus quasi inustis omne rubere
corpus, ut est per membra sacer dum diditur ignis.
intima pars hominum vero flagrabat ad ossa,
flagrabat stomacho flamma ut fornacibus intus.
nil adeo posses cuiquam leve tenveque membris   1170
vertere in utilitatem, at ventum et frigora semper.
in fluvios partim gelidos ardentia morbo
membra dabant, nudum iacientes corpus in undas.
multi praecipites lymphis putealibus alte
inciderunt, ipso venientes ore patente :   1175
insedabiliter sitis arida, corpora inurens,
aequabat multum parvis umoribus imbrem.
nec requies erat ulla mali : defessa iacebant
corpora.   mussabat tacito medicina timore,
quippe patentia cum totiens ac nuntia mortis   1180
lumina versarent oculorum expertia somno.
multaque praeterea mortis tum signa dabantur,
perturbata animi mens in maerore metuque,
triste supercilium, furiosus voltus et acer,
sollicitae porro plenaeque sonoribus aures,   1185
creber spiritus aut ingens raroque coortus,
sudorisque madens per collum splendidus umor,
tenvia sputa minuta, croci contacta colore

salsaque, per fauces raucas vix edita tussi.
in manibus vero nervi trahere et tremere artus   1190
a pedibusque minutatim succedere frigus
non dubitabat : item ad supremum denique tempus
conpressae nares, nasi primoris acumen
tenve, cavati oculi, cava tempora, frigida pellis
duraque, inhorrescens rictum, frons tenta tumebat.   1195
nec nimio rigidi post artus morte iacebant.
octavoque fere candenti lumine solis
aut etiam nona reddebant lampade vitam.
quorum siquis vix vitarat funera leti,
ulceribus taetris et nigra proluvie alvi   1200
posterius tamen hunc tabes letumque manebat,
aut etiam multus capitis cum saepe dolore
corruptus sanguis expletis naribus ibat :
huc hominis totae vires corpusque fluebat.
profluvium porro qui taetri sanguinis acre   1205
exierat, tamen in nervos huic morbus et artus
ibat et in partis genitalis corporis ipsas.
et graviter partim metuentes limina leti
vivebant ferro privati parte virili,
et manibus sine nonnulli pedibusque manebant   1210
in vita tamen, et perdebant lumina partim :
usque adeo mortis metus his incesserat acer.
atque etiam quosdam cepere oblivia rerum
cunctarum, neque se possent cognoscere ut ipsi.
multaque humi cum inhumata iacerent corpora supra 1215
corporibus, tamen alituum genus atque ferarum
aut procul apsiliebat, ut acrem exiret odorem,
aut, ubi gustarat, languebat morte propinqua.

nec tamen omnino temere illis solibus ulla
comparebat avis, nec tristia saecla ferarum   1220
exibant silvis: languebant pleraque morbo
et moriebantur.   cum primis fida canum vis
strata viis animam ponebat in omnibus aegre:
extorquebat enim vitam vis morbida membris.
nec ratio remedi communis certa dabatur: 1225
nam quod ali dederat vitalis aëris auras
volvere in ore licere et caeli templa tueri,
hoc aliis erat exitio letumque parabat.
Illud in his rebus miserandum magnopere unum
aerumnabile erat, quod ubi se quisque videbat   1230
implicitum morbo, morti damnatus ut esset,
deficiens animo maesto cum corde iacebat,
funera respectans animam amittebat ibidem.
quippe etenim nullo cessabant tempore apisci
ex aliis alios avidi contagia morbi,   1235
lanigeras tamquam pecudes et bucera saecla.
idque vel in primis cumulabat funere funus,
nam quicumque suos fugitabant visere ad aegros,
vitai nimium cupidos mortisque timentis
poenibat paulo post turpi morte malaque,   1240
desertos, opis expertis, incuria mactans.
qui fuerant autem praesto, contagibus ibant
atque labore, pudor quem tum cogebat obire
blandaque lassorum vox mixta voce querellae.
optimus hoc leti genus ergo quisque subibat.   1245
incomitata rapi cernebant funera vasta,
inque aliis alium populum sepelire suorum
certantes: lacrimis lassi luctuque redibant:

inde bonam partem in lectum maerore dabantur.
nec poterat quisquam reperiri, quem neque morbus   1250
nec mors nec luctus temptaret tempore tali.
    Praeterea iam pastor et armentarius omnis
et robustus item curvi moderator aratri
languebat, penitusque casa contrusa iacebant
corpora paupertate et morbo dedita morti.   1255
exanimis pueris super exanimata parentum
corpora nonnumquam posses retroque videre
matribus et patribus natos super edere vitam.
nec minimam partem ex agris maeroris in urbem
confluxit labes, quem contulit agricolarum   1260
copia conveniens ex omni morbida parte.
omnia conplebant loca tectaque ; quo magis aestu
confertos ita acervatim mors accumulabat.
multa siti protracta viam per proque voluta
corpora silanos ad aquarum strata iacebant   1265
interclusa anima nimia ab dulcedine aquarum,
multaque per populi passim loca prompta viasque
languida semanimo cum corpore membra videres
horrida paedore et pannis cooperta perire,
corporis inluvie, pelli super ossibus una,   1270
ulceribus taetris prope iam sordique sepulta.
omnia denique sancta deum delubra replerat
corporibus mors exanimis onerataque passim
cuncta cadaveribus caelestum templa tenebat.
hospitibus loca quae complerant aedituentes.   1275
nec iam religio divom nec numina magni
pendebantur enim : praesens dolor exsuperabat.
nec mos ille sepulturae remanebat in urbe,

quo pius hic populus semper consuerat humari :
perturbatus enim totus trepidabat, et unus   1280
quisque suum pro re praesenti maestus humabat.
multaque *mors* subita et paupertas horrida suasit :
namque suos consanguineos aliena rogorum
insuper extructa ingenti clamore locabant,
subdebantque faces, multo cum sanguine saepe   1285
rixantes potius quam corpora desererentur.

NOTES

NOTES

BOOK I.

1-43. [Invocation of Venus to bestow eternal beauty on his verse, and to intercede with Mars to grant the Romans peace, that both the poet and Memmius may be free for the high theme.]

4. **concelebras**, 'fillest with thy presence.'—M.

10. **species verna diei** = *verni diei*.

11. **genitabilis** : passive verbal used actively = *genitalis*, which is common in Lucretius : so *penetrabile telum* Verg., etc.

12. **aeriae**, 'soaring in the air' is perhaps better than 'of the air.'

14. **pecudes** : difficulty has been felt about this word in conjunction with *ferae*, as it generally means domesticated animals; it is used of animals generally i. 116, and v. 228 *variae crescunt pecudes armenta feraeque.* Observe the alliteration of which Lucretius is so fond.

15. **ita capta quaeque** : from *quamque* in next line.

17. **rapacis** : *i.e.* sweeping away with them all that obstructs their course—the original meaning of *rapidus* as applied to a river.

20. **generatim**, 'after their kind.'

21. **rerum naturam** = the universe in its widest sense, and its laws.

22. **dias** : probably from its Aryan analogies, as suggested by M., 'bright or open,' like *sub dio*.

25. **de rerum natura** : περὶ φύσεως was the title of the great work of Epicurus, Lucretius' master in philosophy.

26. **Memmiadae** = Memmius (Gaius, son of Lucius), properly one of the line or gens of M.; l. 42, *Memmi clari propago.*

F

History does not confirm Lucretius' high estimate of his friend.

36. **visus,** 'gaze': cf. ii. 419 *oculos pascere*; the plural adds force, like *irae*, etc.

41-43. **tempore** : M. thinks that these lines were written towards the close of B.C. 58, when Caesar was consul, and had formed his coalition with Pompey, Memmius being then *praetor designatus*, and doubtless with Lucretius, in fierce opposition to Caesar. M. entertains no doubt that the poem was given to the world in the year B.C. 53.

50-61. [*Rerum Primordia.*—The first beginnings of things.]

54. **summa,** 'highest,' that treats of the whole universe, *summa rerum*, as expressed by Lucretius.

55. **primordia rerum,** iv. 28 *ordia prima* : 'the first beginnings of things'; the literal is the best translation (otherwise rendered, 'original or first elements of matter,' etc.): so in Greek, τῶν ὄντων ἀρχαί, or simply ἀρχαί.

57. **quo**=*in quae.*
     eadem goes with *natura.*
     perempta : neut. pl., equivalent in sense with *res* of preceding line.

58. **rebus** : dative, best taken after *genitalia.*

60. **usurpare** (*usu, rapio*) : 'to name or call commonly,' a Ciceronian meaning of the word.

62-79. [Human life lay crushed beneath religion till a Greek arose, who first explained the system of the universe].

62. **ante oculos,** 'in the sight of all men.'

66. **Graius homo** : Epicurus, Lucretius' master in philosophy, l. 25.

70. **inritât,** *subj.* he, Epicurus ; shortened perf., so vi. 587 *disturbât urbes.* On the other hand, *fulgët* ii. 27, *scirêt* v. 1049.

73. **longe** : with **processit.**

74. **mente animoque.** Lucretius makes no distinction between these two words : iii. 94 *animum dico, mentem quam saepe vocamus* ; he uses even *mens animi.*

80-101. [The Sacrifice of Iphigeneia.]

82. **quod,** 'whereas'; **saepius,** 'too often'; **illa,** agreeing with and emphasizing **religio.**

84. **quo pacto,** 'witness how.'

86. **prima virorum,** equivalent to *primi viri,* a not uncommon use of the neut. pl. ; l. 315 *strata viarum.*

87. **comptus,** 'of her hair.'
    construe *ex utraque malarum* ; *pari* goes with *parte* and together = *pariter.*

94. 'that she was his first child.'

95-97. 'There is a studied ambiguity in the terms which are common to marriage and sacrifice.'—M.
    sublata recalls λαβεῖν ἀέρδην in the famous passage on the same subject in Aeschylus' *Agamemnon* 227-247.
    virum, not *viri,* 'a husband.'

99. **mactatu** : noun ; apparently ἅπαξ λεγ.

100. **exitus** : setting out from Aulis.

102-148. [You yourself may fall away frightened by idle tales of eternal punishment, of Orcus, and the transmigration of souls, as set forth by our own Ennius. I must therefore explain the true nature of the soul and of our 'simulacra.' The task is made more difficult by my writing in verse, and the poverty of the Latin tongue.]

102. **vatum,** 'bards.'

103. **desciscere,** 'to fall off.'

105. **somnia,** *i.e.* 'baseless, idle tales.'

107. **merito,** 'with good reason.'
    certam : *finis* is always fem. in Lucretius.

111. **poenas,** acc. after the gerund *timendum,* of which there are several instances in Lucr., as l. 138 *multa agendum* ; with it may be compared the construction of the Gk. verbal ἐον: δραστέον ταῦτα, διωκτέον τὴν ἀρετήν.

113. **nata sit** : *i.e. nobiscum* as in next line.

116. **alias,** 'different' (as occasionally).
    The transmigration of souls, μετεμψύχωσις of Pythagoras.

122. **permaneant,** *i.e.* 'together in union.'

123. **simulacra,** resemblances, =*imagines*, 'images,' εἴδωλα, all being used synonymously ; *species* l. 125.
127. **cum** corresponds with **tum** l. 130.
132. **quae res terrificet,** 'what it is that is able to . . .' **obvia,** 'meeting,' 'presenting itself.'
136. **animi fallit :** so l. 922 and v. 97 ; so *pendere animi* Cic., and similar phrases with *animi* 'cum dubitationem et sollici-tudinem significant.'—Madvig.
145. **convisere :** a strong word, 'to see into.'

248-264. [Nothing perishes.—

*Alid ex alio reficit natura, nec ullam
rem gigni patitur nisi morte adiuta aliena.*]

249. **corpora material,** 'primordial elements'=*rerum primordia* l. 55, etc.
250. **pereunt imbres** *as rains, at nitidae surgunt* . . . l. 252. *haud igitur penitus pereunt* l. 262.
254. **porro,** 'in turn.'
255. **pueris,** 'of both sexes.'
256. **canere** =*resonare.*
257. **fessae pingui,** subst. as in Vergil.
261. **perculsa :** a strong word, l. 13 *perculsa corda.*
264. **adjuta :** sc. *natura.*

265-328. [You must not disbelieve in *rerum primordia* because they cannot be seen ; many bodies exist and make themselves known by their effects, yet cannot be seen, such as winds, smells, heat, etc. ; metals, stones, etc., wear away ; nature does not allow us to see the process of growth and decay :

invida praeclusit speciem natura videndi.]

270. **videri** =*cerni* l. 268.
271. **venti vis verberat.** Notice the alliteration, so frequent in Lucretius.
272. **ruit :** transitive, as in ll. 289, 292, and sometimes in Vergil, etc.

281. **et**: after *alia* in preceding line.
   mollis best taken with *natura*.
287. **molibus**, 'piers with bridges.'
289. **ruunt**: transitively as in l. 292.
290. **debent**, 'must.'
293. **vertex**, 'vortex.'
296. **moribus**, 'ways,' 'character,' 'nature.'
297. **amnibus**: dat. after *aemula*, which takes also a genitive.
   aperto corpore: as opposed to *corpora caeca*.
300. **tuīmur**: old form.
301. **usurpare oculis**: iv. 975 *sensibus usurpare*.
306. **eaedem**: dissyll. as in other parts of *idem*.
   serescunt: 'get dry' 'seems to be the only known use of
   the word; *serenus* is clearly connected with it.'—M.
311. **annis** (root *an*, round) lit. 'circle (of the year,' *solis*).
312. **habendo**, 'by wearing.'
313. **stillicidium**: particularly of the dripping from the eaves of
   a house.
314. **ferreus**: emphatic, 'though of iron,' so *saxea* l. 316.
315. **strata viarum** = *stratas vias*.
318. **tactu**, *i.e.* 'by kissing'—M.; (the mode of saluting statues
   that were reverenced).
321. This is a difficult line, though the sense is plain enough.
   Speciem of the MSS. is now retained, and the best construction seems to be *invida natura videndi praeclusit*
   ('has shut the door against') *speciem* ('the sight of what
   goes on').
324. **contenta**, 'though strained.'
326. **mare**: acc. after *inpendent*, instead of usual dat.
   vescus (*ve*, *escus*) 'nibbling at,' 'slowly eating away.'

398-417. [*animo satis haec vestigia parva sagaci.*—I could
bring forward many more arguments, but a sagacious in-
tellect can pursue them for itself ; if you demur, I have an
inexhaustible store in reserve.]

401. **conradere**, lit. 'to scrape together.'
404. **montivagae** agrees with *ferai*.
405. **quietes**: *i.e.* 'lairs' (*latebras* l. 408).
406. **institĕrunt**: as frequently in the poets.

411. **de plano**, 'straight off,' 'without any deliberation.' '*De* and *e plano, ex aequo loco* are opposed to *pro tribunali* or *ex loco superiore*, a formal judgment from the bench.'—M.

414. **tarda** : best taken with *senectus*.

705-741. [All those philosophers are wrong who assert that fire, air, water, earth, singly or in combination, are the original elements of things.]

706. **summam** : sc. *rerum*, 'the universe.'

715. **anima** : here = *aer* of l. 707 ; *imbri* = *umor* and *liquor* of preceding lines.

719. **virus** : properly 'any moisture' ; here = ' brine,' as ii. 476 and elsewhere.

720. **fretu** : vi. 364 *fretus ipse*.

721. **eius** : notice the change from the relative *quam* l. 718, as occurs occasionally.

723-26. Notice the iteration : *rursum, iterum, rursum*.

727. **visenda**, 'worth visiting.'

731. **carmina.** The fragments of his verse that have come down to us show high poetic merit.

741. **ibi** (*principiis in rerum*) : emphatic ; notice the assonance : κεῖτο μέγας μεγαλωστὶ Hom. *Od.* xxiv. 40.

921-950. [Listen attentively ; I am going to visit haunts of the Muses hitherto untrodden of any, and to win a wreath yet unworn ; to treat of mighty matters and illuminate them with verse, beguiling you with the sweet honey of song, as children are beguiled with honey to drink wormwood.]

927. **solo**, 'of foot.'

integros (-*tag*- root of *tango*, ἐ—θιγ—ον, Engl. 'touch') : 'untouched,' 'untasted.'

934. **contingens**, better perhaps as comp. of *tango* than of *tingo*.

935. **non ab nulla ratione** : *i.e.* 'with good reason.' Cicero occasionally uses this prep. (*ab*) with abstract nouns, contrary to the general rule.

936. **taetra** : stronger than *amarum* l. 940.

941. **deceptaque non capiatur** : *i.e.* ' to its harm or destruction,' like animals that are trapped.

950. **compta,** 'composita,' 'συγκειμένη': iii. 27 quibus e rebus cum corpore compta; ii. 814 quali magis apta figura.

1102-1117. [Conclusion of the Book:
      res accendent lumina rebus.]

1102. There are evidently some lines missing before this, but their loss does not interfere with the sense of this extract.

1105. **penetralia,** 'innermost,' and so most remote.

1108. **solventes** agrees with ruinas.
      corpora sc. prima, or rerum, =primordia.

1111. **parti.**   This abl., and acc. partim, occur elsewhere in Lucretius.   The adv. partim is of course an old accus.

1112. **ianua leti.**   This expression occurs again v. 373, and is found in Vergil, Ovid, etc.   Cf. leti portas iii. 67.

1114. **opella,** 'attention,' 'trouble.'

BOOK II.

1-61. [Suave mari magno—but sweeter still is it from the heights of philosophy to look down upon men who have lost their way in life, and are struggling for wealth and power.   We want but little.   Neither splendour nor power can free us from our cares or the fear of death. Reason alone can do this.]

7. **munita doctrina sapientum.**

13. **rerum,** 'power,' 'supreme power'; l. 50 rerumque potentes; regni l. 38.

16. **videre**: infin. of surprise or indignation, as not uncommonly.

17. **qui,** 'how,' 'by what means'; but some learned authorities prefer to write utqui, 'attaching the qui enclitically to ut, and treating it as an affirmative particle, having the same force as in atqui.'

18. Only the negative freedom from pain for the body, but active positive enjoyment for the mind.

21. **quaecumque**: referring to pauca in preceding line.

22. **uti,** 'although at the same time.'

27. **fulget**: so sciret v. 1049.

28. **reboant,** 'make re-echo.'

29. **inter se** to end of l. 33, repeated almost verbatim v. 1392-96.
35. **textilibus picturis,** *i.e.* 'tapestry.'
36. **iacteris,** 'toss about'; *plebeia veste* v. 1429.
40-47. These lines read as if they may have been suggested by by the *patriai tempus iniquum* of i. 41.
40. **si non** = *nisi forte cum videas tum effugiunt* l. 44.
41. **fervēre,** so Verg. and *fulgēre.*
42. **constabilitas,** *constabilio.*
53. **haec potestas :** of getting rid of the fear of death.
56. **luce,** 'light of day,' 'broad daylight.'

62-79. [*Corpora. Atoms.*—Matter is ever changing, and thus all living things are ever changing, some coming, some going, and the whole (*summa rerum*) is ever being renewed. *Illa senescere at haec contra florescere.*]

63. **corpora :** in the sense of atoms, *corpora prima,* as commonly.
67. **stipata,** 'pressed together': *non . . . cohaeret,* 'does not form one solid mass or whole.'
70. 'and that age withdraws them . . .'
71. **summa,** 'the whole sum of things,' 'the universe.'
73. **quo :** adv.
76. **mutua :** adverbially, as elsewhere in Lucretius.

106-141. [Motes in a sunbeam enable us to form some notion how the *primordia rerum,* atoms, move ceaselessly through the mighty void; they first unite into small bodies, then gradually into larger ones, till they become visible in the sunbeam.]

106. **recursant :** note force of frequentative.
111. '**etiam** seems clearly to have reference to *recepta.*'—M.
113. **instat,** 'presses itself on our notice.'
116. Observe the alliteration and assonance.
123. **dumtaxat** 'seems to mean "so far as it goes."'—M.
125. **hoc** with *magis, quod* l. 127.
126. **turbare :** intrans. as elsewhere.
129. **ibi :** *in solis radiis* l. 126.
130. Notice the alliteration and repetitions of '*re.*'

132. **principiis** = *primordiis; error, i.e.* 'ceaseless motion.'

134. **parvo corpora conciliatu,** *i.e.* small combinations or bodies of atoms.

137. **proporro**: carrying on the impact 'in their turn'; the word seems to occur only in Lucretius.

138. **ascendit**: 'because what is invisible is said to be below our sense; iii. 274 *nec magis hac infra quicquam est;* iv. 111 *primordia tantum sunt infra nostros sensus.*'—M. So ii. 312. 'Lucretius has here anticipated in a striking way the most modern theories of the most advanced thinkers . . . he had a glimpse of that great principle of modern physics which teaches that the general forces of nature never are at rest even in the modern world.'—M. See his Note.

142-149. [*Sunrise.*—An instance of the velocity of atoms.]

142. **reddita,** 'assigned,' 'belongs to.'

315-332. [Distance often prevents us from seeing the motion of things in sight (as it does the motions of the universe), such as a flock of sheep feeding, or an army if seen from a height.]

318. **reptant** (frequentative), 'keep moving on slowly.'

320. **coruscant**: perhaps = 'butt,' as may also be *frontemque coruscat* Juv. xii. 6.

321. **longe,** 'from a distance.'

322. **candor consistere,** 'to be one mass of white.'

326. **supter**: best taken as adv.

331. 'and yet if looked down upon from a height . . .'

332. **stare,** *i.e.* 'to be standing still,' 'motionless.'

342-380. [The difference in shape of animals of the same class; the cow knows its own calf, kids and lambs know their own mothers; so, too, corn and shells differ from one another.]

342. **gens human. praestat rem,** 'proves it,' viz., that the *primordia* are of many different *figurae,* 'shapes'—the

argument of this extract. M. reads *praeter eat*, 'let them pass before you in review and then l. 347 *sumere perge* out of the number any of them for inspection, and you will find the difference.'

343. **pecudes** : with *squamigerum.*
344. **laetantia** : the use of *laetor* justifies either an active or neuter meaning.
347. **generatim**, 'by its kind,' *i.e.* of the same kind.
350. **quod**, 'which.'
351. **minus atque**, 'than'; *cluere = esse.*
356. **noscit** (inceptive), 'tries to discover.'
357. **convisens** : a strong word.
360. **ad** : with *revisit.*
362. **illa** : emphatic ('that she loves so well').
363. **dubiam**. M. in his last edit. has restored the MS. *subitam,* as the partic. of *subeo,* remarking 'perhaps it is regular, and *subeo curam* is said as *subeo dolorem* in Cic. and the like ; but I think it better to be *curam quae subiit.*'
366. **proprium**, 'its own,' specially belonging to it and distinctive.
372. **quique** : abl. *quoque suo genere = generatim* l. 347.
377. **necessest** governs *volitare* l. 180.

569-580. [The perpetual conflict between life and death, *ex infinito contractum tempore bellum.*]

575. **vitalia**: sc. *primordia:* 'that give life.'
576. **vagor** = *vagitus* l. 579.

581-651. [The more inherent powers anything possesses, the greater the variety of its *primordia* ; thus the Earth, which supplies the sea, fountains, fires and all that they produce, is called the mighty mother of gods, men and beasts. The worship of *magna mater* (Cybele).]

586. **vis** : acc. pl.
587. **plurima** : *plura* would be the ordinary construction.
591. **habet unde ignes oriantur** (as well as *frigora*).
601. **sedibus**. It is thought that a verse has been lost after *poetae*, but as it stands, it may mean 'on her seat,' 'sitting.'

608. **quo insigni** : subst.

614. **Galli** : eunuch priests of Cybele.

617. **qui in oras** : l. 404 *quāe amara*, etc.   So Verg., credimus, an qui amant?

618. **tenta** : from *tendo* 'tightly stretched'; *tonant*, causatively.

630. **quod** : conjunction.

635. **pueri** ; Κουρῆτες (κοῦρος) ; *puerum*, i.e. *Iovem, pueri puerum aeribus aera*, a good instance of Lucret. frequent assonance.

638. **mandaret**: 1 conj.; not another form of *mandere* 3rd.

991-1006. [We are all of heavenly birth; heaven is the father of us all, and the earth our mother which supports us. Death does not destroy our elements; they return respectively to heaven and earth.]

991. **oriundi**: three syllables; 'a very rare example of *i* altogether suppressed, with scarcely a parallel in the hexameter poets.'—M.

1023-1051. ['*Nulla est finis.*'—The Universe is infinite. Apply yourself to realise this new view of nature; nothing is so easy as not to be difficult at first, nothing so wonderful but we gradually cease to wonder at it.   Who condescends now to look up to the heavens ?   Be not alarmed therefore at the novelty of the idea.]

1024. **vementer** : contracted form of *vehementer*.

1035. **poterat** for *posset*, as not uncommonly ; like *fecerat* (for *fecisset*) *si potuisset*.   Hor. 'me truncus . . . sustulerat nisi Faunus . . . levasset' : we have just the same idiom, 'if the Lord had not been on our side, they *had* swallowed us up.'

1038. **tibi** = 'will you find.'

1043. **accingere**, 'gird yourself.'

dede manus is perhaps stronger than the usual *da manus*, —in the sense of 'surrender at once,' rather than merely 'assent.'

1044. **summa loci** = *magnum inane*, the great void, space, *spatium profundi* ; so l. 1051 *profundum*.

1046. **porro**, 'beyond.'

1148-1174. [*End of Book.*—The world is already growing old; it will perish, like everything else.]

1149. **labem**, 'sinking,' 'falling in,' is joined with *terrae*, as a consequence of earthquakes; *putres*, 'crumbling.'
1151. **creat** : for the ordinary *ut creet*, after *adeo*.
1154. *Il.* viii. 19 σειρὴν χρυσείην ἐξ οὐρανόθεν κρεμάσαντες.
1162. **arvis suppeditati**, 'maintained,' 'supported by the tilled land'; or, 'supplied in sufficient numbers for them,' *i.e.* 'to till them,' *arvis* being dat.
1163. **parcunt**, subject *arva*, 'are niggardly of'; *labore*, '*only* by our labour,' l. 1160.
1164. **caput quassans**, despondingly.
1172. **momen**. 'The metaphor seems to be taken from the momentum or sway of the balance.'—M.
1173. **tenet**, 'understands,' 'knows.'
1174. **spatio vetusto**, as elsewhere in Lucretius, is equivalent to *vetustate*.

BOOK III.

1-30. [The praises of Epicurus, his Master.] [1]

4. **ficta** : old form of *fixa*.
9. **patria**, 'paternal,' reverting to *pater*.
11-13. **omnia, omnia, aurea, aurea** : notice the repetition.
17. **discedunt**, 'go apart,' 'open,'—original meaning.
18. Lucretius and his master Epicurus believed in the gods and their abodes, untroubled by any thought of man.
20. **nix concreta pruina** : v. 205 *adsiduusque geli casus*.
26. **dispiciantur**, 'seen on all sides.'
29. **adque horror** : very emphatic from its position.

31-93. [The nature of the mind and soul must now be made clear—

'*et metus ille foras praeceps Acheruntis agendus*,'

---

[1] A rendering of this passage into English will be found at the end of the volume (p. 113).

that fear which is the source of so many ills, and so many crimes.]

31. **exordia**=*primordia.*
42. **ferunt,** 'say.'
45. **prosum** : another form of *prorsum.*
47. **iactari,** 'boasts are made.'
48. **idem,** 'these same men.'
56. **qui**=*qualis.*
67. **cunctarier** : substantively : *leti portas.* Cf. *ianua leti* i. 1112, v. 373.
69. **remosse** : *removisse.*
73. **consanguineum** : gen. pl.
75. **invidia** : emphatic position, and so the repetition of *illum.*
80. **humanos**=*homines.*
84. **in summa,** 'in short.'

894-911. [Death, they say, deprives you of all the delights of life, but they do not add that you now no longer desire them. They admit that you are freed for ever from all griefs in the sleep of death ; why then mourn you evermore ?]

902. **sequanturque** (*animum*) **dictis.**
906. **cinefactum,** '*in cinerem dissolutum*'; *prope,* 'standing by'; *busto,* 'funeral pile.'—M.
909. **ab hoc,** 'of this speaker.'
910. **res redit ad,** 'becomes a matter of.'

912-930. ['*Brevis hic est fructus homullis.*'—In death there is no thirst, or any other want; in sleep even we are not conscious of life, how much less in death, the sleep that knows no waking ('*nec quisquam expergitus exstat*').]

914. **homullis** : other diminutives are *homuncio, homunculus.*
915. **fuerit,** 'it will be a thing of the past.'
917. **torres** : noun, 'heat'; although it appears not to occur elsewhere in classical Latin, it is an accepted emendation of the MSS. *torret,* etc. (*torris,* 'a firebrand').
918. **altae** : old genit. ; *rei,* monosyl.

919. **requirit,** 'misses,' 'feels the want of'; *desiderium nostri* l. 922.

920. **sopita** : 'in ordinary sleep' (not the sleep of death).

921. **per nos,** 'as far as we are concerned,' 'for aught that we can do or care.'

922. **desiderium nostri,** 'of ourselves.'

927. **minus,** 'if there can be "a less,"'—reverting to the *minus* of preceding line.

928. **disiectus** : noun ; apparently ἅπαξ λεγ.

929. **leto,** 'in death.'

931-977. [' *Cur non ut plenus vitae conviva recedis ?* '
          ' *Vitaque mancipio nulli datur, omnibus usu.* '

How nature might justly upbraid all who are unwilling to die.]

935. **gratis** : adverbially contr. for *gratiis* : so *ingratiis* and *ingratis*,—'to your mind.'

941. **offensus**=*offensa*, the usual word : so *in offensa esse*, Cic.

951. **veram** (=*justam*) *causam*, 'a true bill.'

956. **praemia** : *fungor, fruor, potior*, are all found with an accus. in Lucretius.

961. **aetate** : *alienus* is constructed with gen., dat., abl. and *ab*.

962. **concede,** 'make way for.'

963. **incilet** : an old word.

968. **te sequentur,** *i.e.* 'will share the same fate as you.'

971. This famous line is the sum of the whole argument. **usu,** dat.

973. **antequam nascitur.**

978-1023.   [' *Quaecumque Acherunte profundo*
         prodita sunt esse, in vita sunt omnia nobis. '

We experience the tortures of Tartarus as the punishments of our vices, corresponding to those of Tantalus, etc., in this life, here on earth.]

980. **inpendens saxum** : this is the punishment assigned to him by Pindar, Plato (*Cratylus*), Cicero, etc., and would not

of course explain our 'tantalize,' derived from the ordinary version of the fable.

983. **casum** : 'there is an evident play on the literal and figurate meaning of this word'—M. ; the literal referring to the *inpendens saxum* 980.

986. **perpetuam aetatem**, 'for ever.'

988. **dispessis** : *dispendo (pando).*

997. **imbibit**, 'resolves.'

1000. **nixantem** : note frequentative.

1001. **rusum**, *rursum* ; so *prosum* for *prorsum*, etc.

1010. **potestur** : i. 1045 *queatur* : old forms.

1017. **robur**, 'dungeon,' or, as some take it, = *eculeus* (rack), *lammina* (sc. 'ardens,' 'candens ').

1018. **factis**, dative : may be taken either with *conscia* or *praemetuens*. It seems best to keep *sibi conscia* together, but *sibi* might be governed by *praemetuens* or *adhibet*.

1023. **hic** : emphatic, 'here on earth.'

1024-1052. [Death is the common lot even of the most distinguished men.

'*Tu vero dubitabis et indignabere obire,*
Mortua cui vita est prope iam vivo atque videnti ? ']

1024. a quotation from Ennius : *sis, i.e. suis* ; so *suo* is monosyl. in Lucretius.

1029. **ille** : Xerxes.

1033. **lumine** : *sc.* 'of life ' 1042.

1034. **Scipiadas** : nomin.

1037. **Heliconiadum** : *Musarum.*

1038. **sceptra** : acc. after *potitus*.
    eadem aliis quiete, 'in the same rest as others *sopiti sunt* ' ; '*aliis = ceteris*.'—M., as sometimes.

1039. Democritus died a natural death at an extremely advanced age, B.C. 361 ; the date of his birth is not known. Epicurus died B.C. 270, at the age of 72.

1042. **obit** : critics are divided whether it is pres. or perf.

1046. **prope** : with *mortua*.

1051. **ebrius** : metaphorically.

1053-1094. [Men try to get rid of their troubles by running away from themselves—*se quisque fugit . . . et odit,* instead of acquainting themselves with *rerum natura.*

> *Denique tanto opere in dubiis trepidare periclis,*
> *Quae mala nos subigit vitai tanta cupido ?*]

1060. **foras** : old accus., θύρας, θύραξε, *foris* 1062, abl. θύρασι.
1063. **mannos** : Keltic word; small Gallic horses, driven in harness, and fashionable at Rome. Horace mentions them three times.
1069. **ingratis** : sc. *sui*, 'in spite of himself.'
1070. **tenet,** 'knows,' 'understands.'
1075. **quaecumque restat.**
1082. **sed dum abest.** Roby, *Lat. Gram.* Book I. p. 96, quoting this passage and Ennius, 'miscent inter sese inimicitiam agitantes,' remarks, 'a word ending in *m* is rarely not elided, there being only about seven instances *in arsi,* and a few of monosyllables *in thesi.*'
1087. **prorsum** = *omnino*, 'at all.'
1089. **diu** : *i.e.* 'for ever.'
1090. **condere,** 'close,' 'complete.'

BOOK IV.

26-41. [We must not think that the appearances (*simulacra*) which frighten us in sleep are souls escaped from Hades; like films, they proceed from the surface of all things, and float about in the air.]

26. **compta** : fr. *como* (*con, emo,* 'put,' 'arrange,') '*compositus* συγκείμενος,' 'united,' 'combined'; iii. 258 *quo pacto inter sese mixta quibusque compta modis.*
28. **ordia prima** : *primordia.*
30. **simulacra** = *imagines, figurae* l. 34, the εἴδωλα and τύποι of Epicurus.
31. **membranae,** 'films.'—M.

453-468. [The workings of the mind in sleep ; it is not the senses which are at fault.]

458. **conclusoque loco** : *i.e.* 'although shut up in a small room.'

459. **mutare** : by moving about. (*caelum, non animum mutant qui trans mare currunt.*—Hor.)

460. **severa silentia noctis** : v. 1190 *noctis signa severa.*

463. **violare fidem sensibus** (dat.), 'to destroy our belief in the senses'; so l. 505.

468. **ab se**, 'of itself' (*ipse*).

499-521. [Credit must be given to the senses, as the very grounds of belief by which life is regulated. All reasoning will be false, if the senses from which it starts are false, just as in building everything will go wrong, if the rule and square are faulty.]

499. **his** : *sensibus.*

504. **manibus manifesta** (lit. 'what is grasped by the hand'); notice the collocation ; *quoquam* adv.

505. **fidem primam** = 'the first grounds of belief,' '*fundamenta*' of next line.

513. **prima**, 'to begin with'; cf. ll. 505, 519.

514. **rectis reg. exit**, *i.e.* 'is not straight.'

515. **libella** 'consists of two sides joined at the top by a cross bar, over which a line and plummet descends as a pendulum.'

517. A very irregular and rugged line, no doubt intentionally, to represent the character of the building.

572-594. [Echoes not the voices and music of the sylvan gods.]

574. **ex ordine**, 'in turn,' 'regular succession.'

579. **docta** = 'made.'

592. **tenere**, 'dwell in.'

594. **auricularum**, 'listening ears.'

907-928. [Sleep takes place when the soul is scattered

over the limbs, and part withdrawn ; some of it remains,
or sense could not be rekindled.]

912. **tenues** : (fr. *ten-do*)='attentive'; 'nice'—M.

916-18. So 944—

> fit uti pars inde animai
> eiciatur et introrsum pars abdita cedat,
> pars etiam distracta per artus non queat esse
> coniuncta inter se neque motu mutua fungi.

921. **impedit esse** is also a Ciceronian construction.

962-1025. [*Dreams.*—Generally connected with our occu-
pations ; so too with animals.]

964. **in ea**=*quae*, by a change from the relative to the demon-
strative, which is not uncommon in Lat. and Gk.

969. **nos**, Lucretius himself.

970. **chartis patriis**, = 'in my native tongue.'

975. **usurpare** ('experience'), *ea sensibus*; so i. 301 *usurpare*
oculis. ea, 'such things.'

978-981 'form two consecutive rhyming couplets.'—M.

984. **refert** : not impers., but with a subject (*studium atq.*
voluptas), as occasionally.

998. **consueta domi**, 'domesticated.'

999. **discutere** : .sc. *corpus.*
redducunt, 'sniff.'

1000. **tuantur** : i. 300, *tuimur.*

1001. **seminiorum**, 'breeds.'

1005. An awkward line, best taken as by M. *accipitres persectan-*
tesque volantes visae sunt edere ; volantes, 'other birds,' as
Aen. vi. 728.

1007. **motibus**, 'emotions.'

1015. **indicio** : dat.

1121-1139. [The ills of love, and the extravagance
that accompanies it—

> '*medio de fonte leporum*
> *surgit amari aliquit quod in ipsis floribus angat.*]

1123. **fiunt**, 'are turned into,' as l. 1129 ; *Babylonica*, neut. plur.
i.e. 'rich embroideries,' l. 1029 *cum Babylonica magni-*
fico splendore rigantur.

1125. **Sicyonia** : *sc.* 'shoes,' of which Cic. speaks as not suited for men.

1129. **indusia**, 'women's garments'; MSS. *Alidensia*, retained by some editors 'as it may refer to the Carian Alinda.'

Cia : '*i.e.* Κεῖα. Varro mistook Aristotle's *Cos* for *Ceos*, Lucretius and Pliny followed him in his error. Lucretius therefore uses *Cia* or *Cea* for *Coa*.'—M. Cos was famous for its 'light transparent dresses, *Coae vestis*, or *Coa*.'

1130. **veste** = *peristromata*, 'coverings and hangings.'

1135. **lustris**, 'dissipation,' 'evil haunts.'

1136. **iaculata** : sc. *amica*.

1139. **putat** : sc. *amator*.

1278—end. [A plain woman may make herself dear to her husband : *consuetudo concinnat amorem.*]

1278. **nec divinitus,** 'without any special grace from the gods'; 'οὐδὲ θεόπεμπτον εἶναι τὸν ἔρωτα, a saying of Epicurus.'—M.

1279. **muliercula** : the dimin. of disparagement is appropriate to *deteriore forma*.

BOOK V.

1-54. [The praises of the discoverer of this system of philosophy, Epicurus.]

2. **condere carmen** : a common expression ; 'to put together,' 'construct,' (*do* in compos. = 'put,' 'place') 'build the lofty rhyme.'

5. **quaesita**, 'acquired,' or, perhaps, 'sought.'

10. **artem**, 'treatment' (common meaning of *ars*).

12. **tranquillo**, 'calm,' a subst. like '*loco*' being understood as shown by '*tam*.'

15. **instituisse**, 'introduced'; the word also means 'to plant,' and that sense may be included here.

29. **Stymphala**, pl. = *Stymphalus*.

35. **pelageque sonora** : 'pelage'; Gk. pl.; so vi. 619 ; another reading is *pelagique severa* ; the 'melancholy main.'

43. **insinuandum proelia** : i. 111 *poenas timendum,* etc.
51. **dignarier** may be act. or pass.

55-90. [Treading in his steps, I teach the laws by which all things are bound, the creation of the world, and that it is mortal.]

59. **reperta est** : in Book iii.
60. **nativo,** 'which had a beginning,' 'birth,' so l. 66.
65-81. an enumeration of most of the subjects treated of in this Book.
66. **reddunda** : sc. *ratio.*
70. **nullo tempore** : monsters such as Centaurs etc., l. 878.
72. **inter se vesci,** 'to commnnicate with,' or better, perhaps, 'to derive advantages from communication with one another,' like *inter se amant,* Latin having no reciprocal (one another, ἀλλήλων). An old meaning of *vesci* is given as = *uti,* but *vesci aura* l. 857 and *Aen.* i. 546 may be very properly, and physiologically, translated 'feed on.'
73. **insinuarit pectora** : *sinus* in the verb adds force to the expression.
74. **sancta,** 'as sacred' (predicative).
87. **adsciscunt,** 'take to themselves'; *dominos, i.e.* the Gods. Cf. Hor. *Od.* i. i. 6.

91-125. [The Universe is not eternal, it will all have an end ; '*una dies dabit exitio.*']

93-4. notice the iteration of '*tri.*'
96. **machina,** 'mechanism.'
98. **animi fallit,** so *aeger animi, pendeo animi* (*Prim.* p. 109).
100. **ante insolitam.**
101. **visu** : dative.
102. observe *fidēi.*
110. **qua de re priusquam adgrediar.**
116. **corpore divino** : emphatic, as having *corp. div.*
117. **Gigantum ritu** (after the manner of).
119. **disturbent,** 'break up,' 'destroy.'
121. **notantes** : perhaps *ignominia,* like censors, etc., or simply as l. 1090 *dissimiles alia atque alia res voce notare.*

195-234. [The gods did not make the world specially for man's sake, as is shown by the difficulties and miseries of his life, and the helplessness of his infancy.]

197. **reddere** : sc. *rationem.*
198. **nobis** : emphatic, 'specially for man.'
200. **impetus,** 'extent,' or perhaps 'motion,' the revolving heavens.
204. **duas partis** : τὰ δύο μέρη, 'two-thirds.'
205. **geli** : 2d declens. ; *casus,* 'fall' (from the heavens), iii. 20 *nix acri concreta pruina.*
223. **infans,** 'speechless.'
230. **infracta,** 'broken,' 'unconnected'; *infracta et amputata loqui,* Cic.
233. **qui,** 'whereby.'

780-820. [*Novitas mundi.*]

782. **crerint** : *cerno=decerno,* old legal word.
788. **pluma** : referring to *pennipotentum* ; *pili saetaeque* to *quadripedum.*
791. **inde loci,** 'then,' 'afterwards'; a rare, old expression,—occurs again l. 443 and l. 741 of this book.
802. **exclusae,** 'hatched,' the regular word.
803. Comp. iv. 58 : *cum teretis ponunt tunicas aestate cicadae.*
807. **hoc,** 'for this reason '; *ubi loci* like *inde loci.* Horace's 'rosa quo locorum,' Gk. ποῦ γῆς, etc.
808. **apti**= 'having fastened on'; *apiscor,* rarer form of *adipiscor,* and prob. same root as ἅπτω: *apisci* occurs i. 448, vi. 1235.
809. **aestus** seems to mean 'swelling.'
810. **petessens** : intensive, like *facesso, capesso,* etc.
815. **ille** : which before fed the *foetus* ; *impetus,* 'rush,' 'flow.'
816. **pueris,** 'the young '; *vapor,* 'heat,' as always in Lucretius. —M.

821-836. [Mother Earth left off bearing from old age, changing and decaying like everything else.]

827. **spatio vetusto** : meaning 'vetustate.'
829. **excipere** : 'receive in succession,' ἐκδέχεσθαι.

831. **vertere** : intrans.

833. **clarescit**, 'begins to show itself,' or 'gets honoured.'

836. **quod potuit nequeat** : this line requires '*ut*,' expressed (or understood) : Lachmann supplies it by reading '*pote uti*,' taking *pote* as = *potuit*. M.'s '*quod potuit nequit, ut*' is simpler : *ferre* must be understood all through the line.

925-987. [*Genus humanum multo durius.*]

926. **quod** : relative = *utpote quod*.

929. **caperetur**, 'suffer from,' 'be affected by,' i. 49.

932. **volgivago** : iv. 1071 *volgivagaque vagus Venere.*

947. **clara** = *clara voce.*

948. **templa** is very widely used by Lucretius ; here = 'domain,' 'haunts.'

950. **lavere** and 952 *scatere*, both 3 conj.

959. **moribus**, (code of) morals.

972. **frondibus**, 'leafy branches.'

975. **respectabant** = *expectabant*, as occasionally ; vi. 1233 *funera respectans.* The meaning may be explained, as looking back to the known past, and from it expecting its recurrence ; as indeed is the argument that immediately follows.

979. **non erat ut fieri posset** = *non poterat fieri*.

986. **cedebant** : trans.

988-1010. [Their manner of death.]

988. **nimio plus**, 'much,' 'to any great extent,' 'more' ; as occasionally.

993. Notice the strong alliteration and contrasts.

997. **donique** : old form of *donec*, as is also *donicum* (prob. related to *denique*).
   vermina : n. pl. 'writhing pains' ; *see* Dict.

998. **quid vellent**, 'what treatment they required.'

1002. **hic**, 'at this time,' MSS. *Nec. temere incassum frustra* all mean very much the same ; such tautological, or nearly tautological, expressions are common in Lucretius.

1004-5. **fraudem** : *i.e.* 'harm' ; these two lines are made up of words which express or imply deceit.

1008. **mersat** : a strong word, intensive of *mergo*.   Hor. *Od.* iv.
    4. 65 ; ' merses profundo pulcrior evenit.'

1009. **imprüdentes**, ' without knowing it.'

1011-1027. [The use of huts, skins and fire ; family and social influences.]

1015. **curavit ut**, ' caused,' ' made.'

1016. **coeli sub tegmine** : so i. 988, ii. 663.

1021. **commendarunt** : sc. *inter se.*

1025. **bona magnaque pars** : pleonastic, like l. 1002.

1028-1090. [The origin of Language.]

1028. Darwin's views on the Origin of Language will be found
    in the *Descent of Man*, Pt. i. ch. 3.   ' Darwin calls the
    discovery of fire the greatest probably, excepting lan-
    guage, ever made by man.   Lucretius sees all the impor-
    tance of language and fire.'—M.

1031. **infantia** : in its original meaning, ' inability to speak.'

1033. **abuti**=*uti.   vim* may be governed by *sentit* or *abuti*, which
    occasionally takes accus.

1035. **petit**, ' attacks ' ('butts').

1037. **repugnant**, ' defend themselves.'

1040. **auxiliatum** : subst. (apparently ἅπαξ λεγόμ.).

1041. **tum**, ' at that (such a) time ' ; or indeed ' at any time,' for
    Lucretius saw what ' no philologist now supposes—that
    any language has been deliberately invented.'—(Darwin.)

1043. **hic** : the *aliquem* of 1041.

1049. **scirēt** : poet. licence *in arsi*, as occasionally.

1051. **perdiscere** = ' learn by heart.'

1053. **paterentur** : *i.e. humanum genus* would not go indefinitely
    (*amplius*) listening to sounds without a meaning (*in-
    auditos*).

1061. **glisco** : prop. of fire—

        ignis Alexandri Phrygio sub pectore gliscens.
        gliscit, ut ignis oleo.—Cic.

1063. **Molossum** : a famous breed of hounds, put for dogs gener-
    ally.

1064. **ricta** (*ringor*, 'open the mouth wide,' 'show the teeth,') *rictum*, noun, so vi. 1195; usual form, *rictus*.

1065. **rabie restricta** : a doubtful amended reading ; *restricta*, 'by drawing back the soft lips.'—M.

1066. **et** : to be taken with *alio* in preceding line.

1068. **morsuque petentes—haustus**, 'they pretend only to bite': the teeth are '*suspensi*,' 'they threaten but are not allowed to close' (the bite is 'suspended').

1070. **gannitu, adulant, baubantur**, are all said (by the grammarian Nonius) to primarily express sounds made by dogs. *adulor* is used of their fawning upon a person,—σαίνω.

1074. **juvencus** : any young animal (like *pullus*).

1075. **calcaribus** : appropriately applied to a horse.

1080. **salso** : used substantively.

1084. **vetusta**, 'long-lived.'

1088. **muta**, 'inarticulate' ; root of *mutus, mutire,* μύζω is *mu*, a sound produced by closing the lips.

1091-1104. [Lightning first gave Fire to men, or else the friction of trees. The Sun taught them how to cook.]

1095. **fulgēre** : 3 conj. so *fervēre*, and in Verg. l. 952 *scatēre*, etc.

1096. **et tamen** : as frequently 'and yet,' 'still,' friction might have supplied it.

1097. **aestuat**, 'sways' (or 'grows hot').

1100. **mutua** : neut. pl. used adverbially.

1105-1135. [Further progress in the arts of life ; cities built, lands and cattle allotted, the discovery of gold and its consequences.]

1111. **facie**, 'personal appearance' : *pulchris* l. 1114 and 1116.

1113. **res**, 'wealth.'

1116. **creti**, 'endowed with.'

1119. **penuria parvi**, 'want of a little.'

1123. **succedere**, 'to gradually attain,' 'work their way up to.'

1129. **sine ut** : (let them) *sudent sanguine.*

1131. **alieno ex ore**, 'from the teaching of others.'

1133. **id** : taken strictly, should refer to *sapere ex alieno ore petereque* . . . but it is better to apply to it *sensibus ipsis,* i.e. *sapere sensibus ipsis,* when the line will mean that there is not likely to be any early adoption of such a rule of life, the contrary habit of mind being universal.

1134. **vaporant,** 'are hot,' 'burn.'

1136-1160. [So kingly power was overthrown, and anarchy followed; then laws and constitutions were established, and men were restrained by the fear of punishments.]

1136. **Ergo** : *per invidiam*, l. 1126.
1139. **lugebat** : *insigne* personified.
1140. **metutum** : particip. *metuo* (occurs nowhere else apparently.—M.).
1141. **res,** means 'matters were falling into utter confusion.'— M. *res redibat ad,* 'it was becoming a matter of,' as in *res redibat ad triarios,* etc., which seems better than taking *res* as = *res summa* ('the supreme power'); *summam faecem* looks as if it were a play on *summa res,* or *summatum* next line ; *summatus* apparently ἅπαξ λεγ.
1143. **partim** = *aliqui.*
1145. **defessum colere** : *defessum* followed by infin. as in Plaut. and Terent.
1152. **quemque** : *i.e.* who is guilty of *vis* and *iniuria.*
1156. **divum,** and l. 1126 *Tartara*; in these words the philosopher is lost for the moment in the poet.
1157. **perpetuo debet clam diffidere id,** *i.e. fallere, fore* ('will last'), seems to me better than taking *perpetuo* with *fore.*
1158. **(sit) ubi multi** : there are many instances of *protraxe, traxisse.*

1183-1193. [The changes of the seasons, the revolutions of the heavenly bodies, and the phenomena of nature, led men to refer all things to the government of the Gods.

1190. **severa,** 'solemn,' 'awe-inspiring': iv. 460 *severa silentia noctis; sev-erus* is probably of same root as σέβ-ομαι (Sansc. *sêv, venerari*).

1194-1240. [Ceremonies not true piety; contemplation of the heavens; who does not fear the thunder?]

1197. **minoribu' nostris,** 'our children's children.'
1198. **velatum** : i.e. *capite velato.*
1202. **vota,** 'votive offerings or vows.'
1206. construct. *cura,* from next line, *solis.*
1207. **oppressa** : with *pectora.*
1208. **caput erigere in** (= *invadens*) *pectora.*
1209. **nobis,** 'affecting us.'
1210. **verset** : intensive (hither and thither, at its will).
1214. **solliciti** : active sense, 'troubling,' disturbing.'
1215. **donata,** and **labentia,** next line, agreeing with *moenia.*
1222. **non** = *nonne,* as is found too in Cicero, who occasionally dispenses also with the interrogative word or particle in affirmative questions.
1223. **corripiunt** : stronger than *contrahitur* just above.
1225. **poenarum solvendi,** 'of payment of' : the authorities give a few instances of similar construction.
1229. **quaesit** : *quaeso, ĕre* : old form.
1232. **vada leti** : *vada* may be used, as M. suggests, 'at once in a literal and metaphorical sense.'
1239. **relinquunt viris quae,** 'leave,' 'allow . . . to.'

1241-1280. [The discovery and use of Metals.]

1248. **pascua** : adj. predicatively.
1252. **quidquid id est,** 'however it is' ('whatever the fact').
1261. **simili atque vestigia,** 'the outline.'
1262. **penetrabat eos** : in the sense of 'struck them' (a very rare use).
1264. **prorsum,** 'altogether,' 'entirely,' strengthening *quamvis.*
1268. **terebrare, pertundere, perforare** : all these words mean very much the same thing, and it is impossible to distinguish them accurately : 'perhaps *terebrare* is to bore with a gimlet, *pertundere* to pierce with a punch, *perforare* to bore with auger or drill.'—M.
1271. **potestas,** sc. *argenti aurique.*
1273. **iacebat,** 'was thrown on one side,' 'lay neglected' (a common meaning) = *cecidit contempta* l. 1418.
1274. **retusum,** 'blunt.'

1276. **volvenda** : there seems no reason why this *volvenda* (or
Vergil's *volvenda dies*) should, as is commonly done, be
taken in the sense of a pres. part. rather than 'that
must roll on' (in its destined course).

1278. **porro**, 'successively,' 'one after the other.'

1281-1307. [Arms.—'*alid ex alio peperit discordia tristis.*'

1288. **facilis**, 'easy to work.'

1289. **belli miscebant fluctus** : l. 1435 *belli magnos commovit funditus aestus.*

1290. **serebant.** Either sense of *sero*, to 'sow' or 'join,' would
suit here, and equally *serere certamina* in Livy ; *con-
serere manum*, etc., is a common expression.

1294. **versa in obprobrium** probably only means the same as
iacebat l. 1273. (Bentley suggests that it refers to its
use in magical rites, a very partial use of it.)

1296. **creperi** : 'the phrase *in re crepera* is common in the old
writers.'—M.

1298. **dextra vigere** : *i.e.* 'to have its free use.'

1302. **boves lucas** : 1339 *boves lucae.* Elephants were first seen
by the Romans in the war with Pyrrhus in Lucania, and
so called.

1303. **anguimanus** : of the trunk, acc. pl. fem., so ii. 537 *anguimanus elephantos* ; '*centimanus, unimanus*, and the like,
are declined like *manus*.'

1350-1360. [Weaving.]

1353. **insilia**, ἅπαξ λεγ., prob. 'heddles or leash-rods, which open
the warp.'
  fusi radii scapique, 'spindles, shuttles, and yarn-beams.'

1357. **vitio vertere** : sc. *lanam facere.*

1358. **ut** : consequential.

1361-1378. [Sowing, grafting, and the beginnings of Agriculture.]

1364. **pullus** : generally the young of animals ; Vergil, *pullulat ab
radice sylva.*

1365. **stirpis committere ramis** : *insitio.*

1366. **defodere virgulta** : *propagatio.*

1368. **terram mansuescere** (transitive): *fructus.*

1370. *i.e.* they confined the forests to the upper parts of the mountains, and cleared the lower for cultivation.

1374. **coerula** : γλαυκὴ ἐλαία.

1378. **opsita**, 'planted (over).'
  tenent circum, 'enclose.'

1379-1411. [Musical instruments.]

1380. **levia**, 'smooth,' opposite of *asper.*

1383. **sibila zephyri** : neut. pl. of adj. (or heterogeneous pl. of *sibilus*).

1386. **reperta**, 'found,' 'met with'; agreeing with *tibia.*

1392-96. Repeated almost verbatim from ii. 29-33.

1401. **extra numerum** : opposite of *in numerum* ii. 631.

1405. **somni** : that was denied them, Aesch. *Agam.* 17 :

ὅταν δ' ἀείδειν ἢ μινύρεσθαι δοκῶ
ὕπνου τόδ' ἀντίμολπον ἐντέμνων ἄκος.

1408. **vigiles**, 'watchmen'; *recens*, adv.

1412-1435. [Change in mode of life; luxury and its consequences—

'*minutatim vitam provexit in altum,*
et belli magnos commovit funditus aestus.']

1414. **illa reperta** : as one or both may be fem. sing. or neut. pl. the construction is ambiguous, while the sense is quite plain.

1421. **districtam**, 'torn in pieces.'

1422. **convertere** : intrans.

1423. **aurum** : i.e. *vestis auro apta* l. 1428.

1429. **plebeia vestis** : ii. 36.

1432. **nimirum**, 'no wonder.'

1433. **quoad** : *i.e.* 'the limits.'

1434. **altum** : sc. *mare.*

1436—end. [The Sun and Moon taught men the seasons. Then came fortified towns, division of lands, ships, treaties, poetry, and all the elegancies of life. Experience—

'*paulatim docuit pedetemtim progredientes.*']

1445. **elementa**, 'the letters of the alphabet.'

BOOK VI.

1-42. [Athens first gave us the fruits of the earth, and civilisation; and more, first gave us *solacia dulcia vitae* in Epicurus and his philosophy.]

5. **genuere** : Epicurus was born in Samos, but took up his residence permanently at Athens at the end of the 4th century, B.C. 306, when he was 36 years old.

7. **et** = *etiam.*

11. **proquam**, 'as *far as*': 'the word seems not to be found out of Lucretius.'—M. ; 'aeque Latina sunt *pro ut, prae ut, pro quam, prae quam.*'

15. **animi ingratis** (adv.) 'in spite of reason.'

17. **intellegit**, for *intellexit*—'that the fault is in ourselves': *vas* recalls σκεῦος of the *N. T.* (1 Thess. iv. 4, etc.).

　　fluxum pertusumque, 'falling to pieces,' or 'leaky,' and 'with a hole at the bottom,' iii. 1009.

27. **tramite** (fr. *trans*), 'cross-path.'

32. **portis** : military metaphor ; *occurri cuique*, impersonally.

42. **pertexere** : *i.e.* 'complete.'

535-607. [The causes of Earthquakes.]

538. **lucuna** : another form of *lacuna.*

543. *i.e.* these forces underlying the earth.

547. **disserpunt** : seems to be ἅπαξ λεγ.

548. **merito**, 'with good reason.'

549. constr. *tota tecta propter viam concussa non magno pondere plaustri tremiscunt.*

550. **scrupus quicumque** : M. reads *ut scrupus cumque.*

555. **constare**, 'stand steady.'

556. **dubio**, 'which makes it sway about.'

560. **incumbit**, 'leans forward,' 'inclines.'

561. **supera** : *supra.*

562. constr. *quantoque magis.*

563. **minantur** : M. reads *tument*, 'as a wall does on the side to which it leans.'

563. **prodita**, 'pushed forward,' 'leaning.'

564. **ire** : *i.e.* 'to fall.'

The several words compounded of *pro* and *in*, in the passage which we have just had, all refer to the one direction of the winds ; various compounds of *re* which we are now coming to refer to the opposite direction, as—

568. **respirent**, 'blow in an opposite direction'; it also means 'to take breath,' and so 'pause.' 'Lucretius picturesquely unites the literal and metaphorical meanings.'—M.

569. **reprehendere**, and so to save them *euntes ad exitium*.

573. **recellit**, 'sways back.'

574. **in pondera** : M. *pondere*, the MS. reading. Transl. 'recovers its previous (*suas*) position in weight,' *i.e.* 'equilibrium.'

577. **quoque** : separated from its word *haec*.

581. **ante**, 'first.'

585. **Sidone** : Strabo refers to a great earthquake there.

Aegi : Aegium in Achaia, referring to the famous earthquake which took place in its neighbourhood, B.C. 372, and swallowed up Helice and Bura, and ten Lacedaemonian triremes moored off the coast.

586. **animai**, 'wind' (as sometimes).

587. **disturbāt**: perf. : so i. 70 *irritat*.

593. **horror**, 'shivering fit.'

601. **licet quamvis reantur**, 'they may think as much as they like.' **quamvis** = *quantumvis*.

606. **rerum summa** in Lucretius generally means the whole universe, but appears here rather to = *tellus, mundus.*

639-702. [The Eruptions of Aetna.]

639. **fauces** = *crateres* l. 701.

642. **Siculum** : gen. pl.

643. **convertit**, as no particular eruption seems to be referred to, may be the perfect of what is customary or common : 'has,' 'is wont to.'

gentibus : dat., as occasionally, for genit. ; so *caput ei* l. 729.

648. **dispiciendum** : force of *dis*, 'on all sides,' 'from every point of view.'

652. **tŏta** : correl. of *quota*, a very rare word.

660. **sacer ignis** : perhaps ἐρυσίπελας.

666. **suppeditare** : intrans.

671. **coortus** : a Lucretian subst.

672. **tetulerunt** : common old form.

674. **ēi** : as elsewhere in Lucretius.

679. **ad** = 'to,' in sense of 'compared with,' as occasionally.

696. **ad altas fauces** : *subter*, adv.

698. **cogit** : some such word as 'air' (from *efflare* in next line) must be supplied : *mari aperto*, 'from the open sea.'

1138-1286 (*end of Book*). [The great Plague at Athens, which broke out and raged in the second year of the Peloponnesian War, B.C. 430.]

He has just been explaining the causes of diseases. In this description of the Plague he follows very closely the famous account of Thucydides, Book ii. 47-54, sometimes reproducing him and occasionally misunderstanding his precise meaning. This description has been 'plainly left in an unfinished state.'—M. Medical authorities have not been able to identify the disease ;—indeed there is a vast divergence of opinion, the balance inclining to its being 'true Oriental plague or typhus, or, perhaps, akin to both.' Lucretius has been imitated in turn by Vergil *Georg.* iii. 478-566, and Ovid. *Metam.* vii. 523-613.

1138. **haec ratio morborum** : 'law of diseases' which he had been treating of before coming to this plague.

aestus, 'flow,' '"copious emanation of particles," as in other passages.'—M.

1141. **penitus** with *veniens*, 'from the inmost parts of Egypt.'

1142. **campos natantes**, *i.e.* 'expanses of water' ; the same words Verg. *Georg.* iii. 198, mean 'fields waving with corn.'

1148. **coibat**, 'was blocked,' 'closed.'

1152. **cor** appears to be a mistranslation of Thucydides' καρδία, stomachus, τὸ στόμα τῆς γαστρός : the disease would be *fatal* when it attacked the heart.

1160. **singultus frequens** stands for the λύγξ κενή of Thucyd., 'ineffectual retching where nothing is brought up.'

1161. **coactans corripere**, 'to contract,' 'draw together in spasms.'

1163 constr. *tueri cuiquam (quenquam cui) summam partem (i.e. skin), fervescere sed potius summam partem proponere.*

1167. constr. *ut est sacer ignis dum per membra diditur ; sacer ignis* perhaps *erysipelas*.

1169. **stomacho,** 'stomach.'

1170. 'light and thin clothing was of no use': *nudum copus* l. 1173.

1172. **partim** = 'some,' corresponding with *multi* l. 1174.

1179. **timore tacito,** 'that does not dare speak out and tell the worst.'

1183. **animi mens** : as elsewhere in Lucretius, who makes no distinction between these words; iii. 94 *animum dico mentem quam saepe vocamus.*

1186. **raro,** 'at long intervals.'

1190. **trahere** : intransitively, sc. *non dubitabant* l. 1192.

1191. **succedere,** 'to work its way up to the upper parts of the body.'

1196. **nimio** = *multo* as v. 988 *nec nimio plus.*

1198. **reddebant,** 'gave back,' 'gave up,' which is not what Thucyd. says ; he refers to the seventh and ninth as being the critical days of the disease.

1202. **cum** goes with *dolore.*

1206. **exierat,** 'escaped,' 'survived.'

1208. **partim** = *nonnulli,* so l. 1211.

1215. '**supra** goes with *iacerent,* as the prepos. only governs an accus.'—M.

1226. **ali** : old dat. for *alii* : constr. *quod dederat ali licere volvere* = *licentiam volvendi.*

1231. **ut,** 'as if '; *morti,* either abl., the ordinary constr. with *damnatus,* or dative—which is rare.

1233. **respectans,** 'dwelling upon' ('regarding,' in which the force of '*re*' is similarly lost), or = *exspectans,* as v. 975.

1236. constr. *contagia cessabant apisci alios ex aliis.*

1239. **visere ad** : so ii. 359.

1240. **mortis timentis** : like *metuens* with genit., Hor. etc.

1247. **populum suorum** : 'multitude,' 'crowd' (as elsewhere) of their relations.

1249. **bonam partem** : adverbially, like *partim,* a not uncommon construction ; so *minimam partem* l. 1257.

1256. **super,** with *pueris* ; so l. 1258 *super* with *matribus.*

1257. **retro,** 'on the other hand' (an unusual meaning).

1262. MSS. **aestus** : if *astu* (ἄστυ) is read = 'in the city.'

1264. **protracta per viam provolutaque.**

1265. **corpora strata ad silanos aquarum** : fountains, the water of which come out of some part of the body of a Silenus.

1266. **interclusa**, 'cut off,' 'destroyed.' *ab* with an abstract
   noun, as occasionally in Lucretius and other writers.
   aquarum, objective genit.
1267. **per loca prompta** (open) *populi.*
1270. **pelli una**, ' with nothing but skin.'
1271. **sordi** : abl.
1277. **enim**: comes unusually late in the sentence.
1281. **pro re praesenti**, 'as circumstances permitted,' 'as best he
   could.'
1284. **insuper aliena exstructa rogorum**, *i.e. exstructos rogos
   aliorum*, like *strata viarum*, etc.

L'ENVOI.

It may very well happen that here and there a student of this
book, 'smit' with the beauties that it contains, is minded to 'do'
some of them into English.

If any such there be, the poet's own words '*non ita certandi cupidus quam propter amorem*' will probably apply to him also. If it
is the '*amor*' that prompts, it will no doubt shield its object from
any great ' outrage.' But whatever the actual merits of the translation itself, from such an occasional mere exercise will be got the
certain gain of a clearer insight into and mastery of the thoughts
and expression, and words of the great original.

It will be found that the translation often falls almost of itself
into measure, sometimes almost word for word, something after the
fashion of the following attempt :—

THE PRAISES OF EPICURUS, HIS MASTER.

BOOK III. 1-30.

Out of such darkness so bright a light on high
Who first hadst power to raise, illumining
Life's blessings, thou glory of the Grecian name,
Thee do I follow ; in thy imprinted steps
I now plant firm the trackings of my feet,
To vie not so much wishing, as for love

H

To imitate thee I long; for how should swallow
Strive with the swans to match, or how the kids
With faltering limbs aught rival on the course
The horse's mighty strength ? thou, Father, art
Nature's Interpreter, thou, as a father,
Dost furnish us thy precepts, and from thy page,
Renowned one, as bees in flowery glades
Sip all the sweets, so in like fashion we
Feed to the full on all thy golden words,
Golden, of life undying worthiest ever.
For once thy reasoning, sprung of godlike mind,
Has 'gun proclaim the secrets of Creation,
The terrors of the soul scatter and fly,
The world's walls part asunder, through the void
I see how Nature works.   Comes into view
The gods' own realm, and their abodes untroubled,
Which nor the winds may shake nor clouds with rains
Besprinkle, nor snow of the sharp frost congealed
White falling harms, but cloudless ether aye
Canopies ; with bounteous light shed round they smile :
Their birthright is all nature, nor doth aught
At any time e'er touch their peace of mind.
Nay, nowhere Acheron's demesnes appear,
Nor barreth earth the sight of all things round,
Whate'er beneath our feet is done i' the void.
Me midst these thoughts a pleasure as of gods
Possesses—a pleasure—a dread awe, that thus
All Nature by thy force, so open, plain
On every side, by Thee has been revealed.

Printed by T. and A. Constable, Printers to Her Majesty,
at the Edinburgh University Press.

www.ingramcontent.com/pod-product-compliance
Lightning Source LLC
Chambersburg PA
CBHW030619270326
41927CB00007B/1232